O PROJETO DA ALMA
E A CURA DO CORAÇÃO

Juliana Bueno

O PROJETO DA ALMA E A CURA DO CORAÇÃO

1ª edição / Porto Alegre-RS / 2024

Capa: Marco Cena
Produção editorial: Maitê Cena e Bruna Dali
Revisão: Simone Borges
Produção gráfica: André Luis Alt

Dados Internacionais de Catalogação na Publicação (CIP)

B928p   Bueno, Juliana
           O projeto da alma e a cura do coração. / Juliana Bueno. - Porto Alegre: BesouroBox, 2024.
           184 p. ; 14 x 21 cm

           ISBN: 978-85-5527-148-9

           1. Autoconhecimento. 2. Espiritualidade. 3. Vida espiritual. I. Título.

Bibliotecária responsável Kátia Rosi Possobon CRB10/1782 CDU 130.1

Copyright © Juliana Bueno, 2024.

Todos os direitos desta edição reservados a
Edições BesouroBox Ltda.
Rua Brito Peixoto, 224 - CEP: 91030-400
Passo D'Areia - Porto Alegre - RS
Fone: (51) 3337.5620
www.besourobox.com.br

Impresso no Brasil
Setembro de 2024.

Agradeço aos irmãos de outras dimensões espirituais que têm me ajudado nos momentos mais difíceis da minha vida na Terra, confiando sempre na minha capacidade de compreender, enfrentar e vencer e confiando também (e isso é fundamental) no meu talento, sensibilidade e na minha missão de levar conhecimento, vivências pessoais, orientações e caminhos para a cura daqueles que precisam disso, que estão em busca, com coragem e humildade, com confiança e esperança sem fim.

Em especial, agradeço ao meu marido, Sergio Rodrigues Bio, por seu importante auxílio, lendo com cuidado e amor mais este livro meu, revisando comigo e me orientando, sempre que necessário.

Que todos nós possamos nos beneficiar desta minha contribuição à nossa evolução espiritual, transformação e paz interior, metas e projetos pessoais (tão importantes!) nesta fase ainda tão caótica, repleta de conflitos, medos e tragédias, que vivemos na Terra.

Sumário

1. Vivendo e sofrendo nesta fase
transitória: doenças, físicas e mentais,
dramas e tragédias em todas
as partes do planeta.. 15

2. Construindo e aprendendo um
cotidiano muito especial
nos movimentos de uma Nova Era 43

3. Conquistas urgentes: a paz interior,
o amor maior, a cura pessoal e de todos.................. 73

4. Enfrentando problemas e dores,
sem mágoas, sem desespero,
sem mentiras, sem culpas... 89

5. Estamos em pleno outono de nossas vidas na Terra.
A transição é difícil para toda a humanidade 104

6. O melhor momento de nossa vida
ainda vai chegar. Acredite!.. 125

7. O Projeto da Alma, a mais importante
e "emocionante" aventura
para ser vivenciada no planeta terra............................ 143

8. Sobre a fase tão longa e desesperadora
da pandemia do coronavírus.. 156

9. O aprendizado precisa acontecer,
ou melhor, seguir acontecendo... 166

10. Procurando respostas que tragam um pouco
de luz, paz e esperança na alma e no coração................. 173

Muito mais do que um livro, uma jornada para o autoconhecimento e a cura

Tatiana Secco Fazio*

Juliana Bueno é uma grande amiga minha, uma amizade que, acredito, tem suas origens em vidas passadas. Neste seu livro, ela aborda temas que permanecem ocultos para muitos, com uma clareza e sensibilidade impressionantes. "O Projeto da Alma e a Cura do Coração" é mais do que uma obra literária; é uma jornada íntima e transformadora que convida o leitor a mergulhar no autoconhecimento e na cura interior. Juliana nos guia para enfrentar nossas dores e desafios emocionais, psíquicos e espirituais, suas palavras são um convite à reflexão profunda, oferecendo orientações práticas e espirituais.

Ela nos ensina a importância de enfrentar a verdade da alma e do coração, reconhecendo que as dores emocionais influenciam profundamente nossa visão de mundo e atitudes. Suas reflexões sobre eventos trágicos, conflitos e desafios globais nos mostram como a oração e a espiritualidade podem trazer alívio e apoio.

"O Projeto da Alma e a Cura do Coração" enriquece a alma e nos conecta a uma rede mais ampla de sabedoria e amor. É como se Juliana nos tomasse em suas mãos, nos ajudando a seguir em frente com fé e determinação, confiando na orientação espiritual e na capacidade de transformar nossas vidas.

É com grande alegria e gratidão que apresento a vocês esta obra transformadora. Que nela possamos encontrar o conforto, a orientação e a inspiração para nossa própria jornada de cura e autoconhecimento.

O "Projeto da Alma e a Cura do Coração" é uma obra que inspira e transforma, um verdadeiro presente para aqueles que desejam entender melhor a si mesmos e o universo espiritual ao seu redor.

Tatiana Secco Fazio, administradora de empresas com ênfase em análise de sistemas, buscando sempre a especialização em outras áreas, inclusive Inteligência Artificial. É escritora premiada, com vários livros publicados na área de autoconhecimento, comportamento, espiritualidade, destacando-se "A Verdade", um livro de autoajuda, autoestima e psicologia aplicada.

A mais importante conquista: cura psíquica/emocional/espiritual e paz interior.

Grande parte da humanidade ainda sofre muito, sem encontrar a solução para tantas dores, doenças e problemas. Dramas pessoais, familiares, conflitos e tragédias continuam a acontecer. Quando isto nos atinge, paramos para pensar, enfrentar a tristeza, o desespero, o caos. Para cada um de nós é diferente, único e especial o momento da nossa transformação, ou o início deste processo. Para você, ao escolher este livro, certamente ele já começou. Para você, que vai ler este livro, "curar o coração" se tornou fundamental. Sem que isto aconteça, o "projeto da alma" sempre será uma ilusão, ainda que aparentemente possa estar se concretizando. Será que estamos realmente entendendo o que significa "curar o coração"? Mais cedo ou mais tarde, uma autêntica e quase sempre "dolorida" conscientização pode acontecer...

1. Vivendo e sofrendo nesta fase transitória: doenças, físicas e mentais, dramas e tragédias em todas as partes do planeta

30 de janeiro de 2015. Terrível seca envolve o país, especialmente em algumas regiões do Brasil. As chuvas são rápidas, quase todos os dias; mal conseguem resolver ou pelo menos amenizar a situação nas represas, nas nascentes e nos rios.

Depois de mais um dia terrível, de muito sol e calor, assisto à TV: mais uma vítima, um jornalista japonês foi decapitado pelos terroristas islâmicos. Fecho os olhos rapidamente para não assistir àquela imagem. Não sei o que fazer, o que pensar diante de cenas como estas. Rezo sempre, com fé e compaixão por aquele irmão que morreu daquela forma. Não sei se vale a pena escrever muito sobre isto neste novo livro que começo a escrever.

Quando eu rezo, às vezes nem sei mais como e para quem devo pedir. Aos Mestres, com certeza, aos Anjos, aos irmãos mais evoluídos de outras dimensões. Preciso pedir ajuda e consolo também para os pais das pessoas que morrem desta maneira tão cruel! Como este japonês que acaba de ser decapitado. Você consegue imaginar o sofrimento de um pai e de uma mãe diante desta cena? Mas o auxílio acontece, eu acredito; ele pode surgir de toda uma iluminada e misericordiosa egrégora espiritual, equipes e mais equipes de seres evoluídos que ajudam nas mais diversas situações. Então eu sei que posso e devo pedir.

Talvez você não saiba exatamente o que significa uma egrégora. São equipes especializadas em determinados tipos de auxílio e orientação espiritual. As religiões, todas elas, de maneira geral têm uma egrégora invisível que orienta, instrui e determina nas várias dimensões espirituais em que se encontram. Os grupos e escolas espiritualistas, escolas iniciáticas, como a Ordem Rosacruz (AMORC), a Maçonaria e outras, têm sua egrégora. Algumas trabalham e atuam nas mais elevadas vibrações cósmicas, assim como a religião espírita e suas ramificações, criadas e coordenadas (em vários livros, teorias e ensinamentos) por Allan Kardec e outros mestres espirituais.

As egrégoras existem, e atuam, na Umbanda e no Candomblé, por exemplo. E algumas, que trabalham com médiuns especiais, conseguem a sintonia com a quinta, sexta, sétima dimensões, que também têm sua egrégora. Ou seja, elas atuam nas dimensões mais próximas ou mais distantes da energia vibratória da Terra.

Um grande número de pessoas neste momento do planeta Terra também tem esta equipe de mentores, guias espirituais, arcanjos e anjos que acompanham o seu progresso (aprendizado, evolução) e sempre que possível ajudam nos problemas, sofrimentos e aflições.

Qual é a egrégora que ajuda você neste momento? Onde você está frequentando, na sua cidade, ou no seu bairro, para entender e para pedir sempre que necessário o auxílio destes irmãos mais evoluídos? E também para aprender, descobrir as verdades da alma, a perfeição das "leis divinas" e de toda a Criação? Ou isto tudo lhe parece meio estranho? Você continua com preces decoradas que nada falam, não sensibilizam mais o seu coração?

Este é um livro que precisa ser também prático. Não temos mais tempo, tampouco vivemos situações tranquilas e harmoniosas, para que eu possa me preocupar em "escrever bonito, emocionar, envolver". Eu sei que isso também precisa acontecer. Mas, acima de tudo, preciso AJUDAR, e peço a Deus, aos Mestres Espirituais, aos meus Amados Mentores que me enviem as mais abençoadas e "iluminadas" palavras, frases, estilos, ensinamentos e orientações para que este AUXÍLIO possa acontecer. Para que você confie, acredite sem se importar com crenças, palavras e definições que sempre ouviu, sempre acreditou, ou nem sempre acreditou.

Por isto, esteja atento. Você foi chamado para ajudar! E compreenderá a importância e a urgência deste chamado. Eu lhe agradeço, com todo o amor do meu coração, pela sua confiança, aceitando caminhar comigo e com "eles" (nossos mentores espirituais), página por página deste livro.

"A desordem que existe, a confusão mental neste findar de ciclo está surgindo e contribuindo para que muitos percam a fé, mas por outro lado está conseguindo que outros encontrem o seu caminho interno mesmo através das desilusões que os 'velhos sistemas místicos' vêm provocando.

A enorme energia dentro do ser humano está despertando nos corações e nos santuários mentais de uma nova aurora. Para aqueles que realmente buscam a Nova Luz Crística, o Cristo Interno está despertando.

Tudo o que precisais para a libertação e iluminação espiritual está dentro de vós. Basta escutar a voz interna que vos fala através dos sentimentos puros e das intuições (ambos no chakra cardíaco). E a voz do silêncio que também vos fala no interior do santuário mental, na região da glândula pineal, o chakra coronário.

Estas são as vozes que tendes que buscar ouvir, a voz sem som que vem da alma e dos Mestres da Luz." (*Governo Oculto do Mundo*, de Henrique Rosas, editora Portal)

Este é um pequeno trecho de uma mensagem do Mestre Júpiter, canalizada por Henrique Rosas. Suas palavras são simples, características das explicações verdadeiras e essenciais. Meditar sobre esta mensagem e compreender o seu significado pode ser um impulso intenso e profundo para sua busca autêntica por todas as transformações que você quer desenvolver, nesta sua vida, no seu universo pessoal em primeiro lugar.

O Mestre Jesus (Sananda) é nosso mentor mais próximo da Terra e quer nos ajudar de todas as formas possíveis. Ao lado de outros Mestres Ascensos, vive em uma dimensão que sequer podemos compreender, mas sabemos que existe. Sabemos também que, neste momento atual do planeta, este Divino Mestre está enviando muitas mensagens para nós, por meio de livros, ensinamentos canalizados, orientações espirituais que possam nos ajudar a entender e curar nossas dores, problemas e conflitos pessoais. Aqueles que O conhecem, que conseguem acessar a dimensão onde

Ele vive (embora possa estar em muitas dimensões ao mesmo tempo), também O chamam de Sananda.

Precisamos sempre pedir, implorar pelo auxílio, pela cura

Existe uma "falsa humildade" que se expressa mais ou menos assim: "Eu não preciso pedir, Deus sabe o que eu preciso". Ou ainda: "Quando eu peço, falo apenas o nome da pessoa ou somente visualizo a situação que quero transformar, não explico nada, não dou detalhes. Acho que isto não é necessário!"

Não é verdadeira esta certeza, não é assim que precisamos aprender ou reaprender a rezar, a pedir, especialmente agora, nestes dias difíceis, angustiantes e doentios que toda a humanidade terrestre está vivendo. Nas nossas preces é importante detalhar, o mais exatamente possível, o que estamos precisando, o que está nos afligindo, causando dores e problemas.

"Nossas missões são grandiosas e contaremos com ajuda a cada passo do caminho. Quanto mais rezarmos e pedirmos assistência, tanto mais rapidamente esta ajuda chegará até nos. Logo, incito todos os Trabalhadores da Luz a pôr a oração como primeiro item de suas listas de coisas a fazer, de modo que a hierarquia do plano interior dos anjos, de mestres e de contingentes especiais possa nos auxiliar a nos sintonizar com a grandiosa missão de que já estamos nos incumbindo agora. Estamos evoluindo espiritualmente com uma velocidade muito maior do que a dos níveis do nosso sistema de quatro corpos, de modo que precisamos ter uma ideia do impacto que sofreremos quando o planeta passar à quinta dimensão." (*Sua Missão Ascensional*, Joshua D. Stone).

Mestres, Arcanjos, Anjos, Guias Espirituais, seres mais evoluídos, misericordiosos e iluminados de outras dimensões, todos ELES querem e conseguem nos ajudar. No texto recém-transcrito esta disposição e este preparo para nos auxiliar ficam bem claros. Por que não acreditar?

Este é o momento do planeta e da nossa história pessoal em que este auxílio consegue se manifestar de várias formas. Para isso, precisamos acreditar, construir a sintonia, pedir de uma maneira clara e definida, e não apenas pensar, sonhar, desejar.

Aos poucos, vida após vida, mesmo com sofrimentos, mágoas e decepções conseguimos descobrir a nossa missão, o **projeto da nossa alma**, o grande aprendizado que precisamos conquistar. Agora, neste exato momento, nesta sua vida tão agitada tentando entender, tentando acompanhar e participar da história do planeta nesta fase de grande transformação, agora é o momento para que este aprendizado aconteça. É a fase ideal, para a qual estamos nos preparando há séculos: desenvolver, realizar o projeto da alma e **curar o coração**, o que significa curar as dores do coração, mágoas, medos, frustrações, enganos, angústias e culpas.

Todos nós podemos descobrir e vivenciar este aprendizado maior, mais cedo ou mais tarde isso precisa acontecer. E quando descobrirmos a missão maior que viemos desenvolver na nossa vida pessoal, com nossos problemas, nossas dificuldades, desequilíbrios, virtudes e talentos, quando esta descoberta acontecer, é o momento exato em que somos chamados para ajudar. Precisamos então ir em busca dos verdadeiros caminhos para entender e acreditar que tudo isto está de fato acontecendo. Então vamos descobrir como e por que estamos realmente preparados para ajudar.

Afinal, você ouviu o chamado? Em que momento ele surgiu na paisagem mais secreta e iluminada do seu coração? Sua alma ouviu, entendeu? Como foi que isto aconteceu neste mundo de tantas ilusões, mentiras, vaidades? Mundo de aparências, jogos de poder, autoenganos em todos os níveis!

Nesta energia tão escura e doentia que ainda domina o mundo atual, você ouviu e compreendeu o chamado! Eu tenho certeza que sim. E dia após dia você e milhares de outras pessoas estão se preparando, se entregando com todo o amor que já conseguem sentir, estão se entregando a esta urgente e abençoada missão. Compreendendo seus próprios sentimentos, suas emoções e buscando construir um novo ego, sem desequilíbrios, sem vaidades, sem medos. E a "cura do coração" vai também acontecendo, passo a passo, vida após vida. Dores e conflitos sentimentais e emocionais desta e de outras vidas se tornam mais compreensíveis e podem ser curados.

Identifique o chamado interior, prepare-se para acreditar e expandir a Luz, ainda que ela possa desaparecer em alguns momentos

"Conserva a ilusão de que teu voo te leva sempre para o mais alto. No deslumbramento da ascensão, se pressentires que amanhã estarás mudo, esgota, como um pássaro, as canções que tens na garganta." (Menotti Del Picchia)

Estas frases são lindas. Os poetas precisam existir! Eu serei sempre também poeta, não apenas nos livros que já publiquei, mas principalmente na maneira de ver a vida, de entender e até mesmo de analisar os problemas. Sempre há de existir um significado mais doce e delicado para amenizar toda a tristeza, mágoa, cansaço, frustração.

O desânimo às vezes é intenso. E neste momento da minha vida, neste país em que vivo, o desânimo é especialmente com uma grande maioria destes líderes políticos, econômicos e sociais que governam e tomam decisões. E isto acontece quase em todos os países deste planeta. Difícil, muito difícil mesmo, encontrar alguma poesia em todas estas mentiras, vaidades e ambições por todos os lados.

Que líderes são estes? Você consegue acreditar neles? Em alguns, talvez; muito poucos, infelizmente. Será que eles (a maioria destes líderes, ou os mais "poderosos" social e economicamente) estão desenvolvendo o **projeto de alma**? Será que conhecem, se interessam pelo verdadeiro amor, fraternidade, justiça social que poderiam (deveriam) desenvolver aqui e agora, neste planeta, neste nosso país?

Há de chegar o momento ideal para cada um destes irmãos, para que consigam olhar e entender o mundo interior que construíram e vejam nele toda a escuridão, o materialismo, o egoísmo, a ambição sem limites. E como "este mundo interior" de cada um deles, sem a necessária conscientização espiritual, possa ter prejudicado milhares, milhões de pessoas em toda a Terra!

Este novo tempo de uma verdadeira e profunda conscientização está muito próximo de cada um de nós. Fatos, circunstâncias especiais, pessoais, sociais ou planetárias acontecerão para que este momento, em que **a visão interior se harmoniza com a visão da alma**, possa acontecer. O sofrimento virá, o "despertar espiritual" também para aqueles que ainda não compreenderam o significado maior de suas vidas.

"Há um plano divino para a Humanidade. Estamos à beira deste evento de transformação da realidade que vivemos. Já estamos vivendo uma preparação para esta adequação. Somos ainda espíritos inferiores, mas há um novo plano vibracional para nós, dando-nos uma evolução gradual, mais rápida do que estamos acostumados." (Alberto Sugamele)

Chico Xavier, este tão importante e amado médium, nos avisou que a data-limite para a Grande Transformação começaria a acontecer no ano 2019. Isto infelizmente não ocorreu. Mas a Grande Transformação se aproxima de todos os habitantes da Terra. Ainda que nos dias atuais estas profecias, estes nossos sonhos e metas para uma Nova Terra pareçam estar tão distantes.

Estamos, sim, assistindo a todos os tipos de dores, doenças e dramas em todas as partes do planeta. Ilusões e esperanças se desfazendo, doenças e doentes por todos os lados, em todos os níveis... assistimos a isto todos os dias, muitas vezes nas nossas vidas pessoais. Passo a passo vamos desenvolvendo a conscientização tão necessária.

O sofrimento, a dor maior, tragédias que nos envolvem, são na verdade os nossos mestres; nestas situações conseguimos evoluir, mudar, transformar a alma e o coração. É muito duro, muito cruel escrever isto, mas é assim mesmo que está acontecendo.

A cura do coração

"Preciso recuperar a minha alma", encontrei esta frase um dia, numa notícia de um importante jornal de São Paulo, capital. Ela foi dita por um ex-diretor de uma grande empresa estatal brasileira. Esta pessoa fez uma "delação premiada" ainda no início da "Operação Lava Jato", conforme foi chamado todo um processo policial e jurídico que se desenvolveu no Brasil no ano de 2013/2014.

Durante alguns anos, a Justiça brasileira, amparada pela Polícia e com o apoio de parte da sociedade, enfrentou com coragem e punições uma enorme corrupção que parecia tomar conta do Brasil. Hoje, muitos anos já se passaram e este (assim chamado) "processo de limpeza e punição" de empresários, agentes públicos e alguns políticos praticamente parou de existir, por razões que não cabe explicar neste livro.

Não quero entrar em mais detalhes aqui sobre a verdade ou não de todo este processo que se desenvolveu no Brasil, durante alguns anos. Apenas fiquei bastante surpresa com a afirmação de um dos chamados delatores, "preciso recuperar a minha alma".

O "delator" citado foi um dos primeiros a aderir à chamada "delação premiada", abrandando sua pena e ajudando a Justiça a descobrir e punir outros envolvidos. Talvez ele tenha contado tudo o que sabia sobre roubos e fraudes dos quais participou.

Ao ler esta frase, dita num momento de desabafo emocional, entendi que a "cura do coração" poderia ter começado a acontecer para ele. Para este empresário, realmente arrependido de seus atos, em caminhos completamente contrários a tudo que poderia ter feito durante uma existência de trabalho e honestidade, inclusive com muito poder, financeiro e profissional.

Somente ele há de saber quais os caminhos tortuosos que aconteceram na sua vida pessoal e profissional, até que resolveu "contar tudo", escapando, assim, de muitos anos de prisão. Esta frase surgiu no final de toda a sua "delação". Eu acredito nela. Acredito que este homem quis encerrar uma vida de mentiras e roubos, "sua alma" estava angustiada e ele não queria mais mentir e enriquecer de uma maneira criminosa.

Nestas mesmas notícias dos jornais e revistas, durante um período intenso e longo em que roubos e fraudes foram denunciados no Brasil, um outro "réu confesso" também fez a chamada delação premiada. Eu soube então que este homem, que parece ter devolvido milhões de dólares para a Justiça brasileira, tinha terríveis inquietações na alma, e afirmou que era um doente terminal, embora não revelasse qual seria a doença. Alguns meses depois, ele partiu, talvez sem tantas culpas e arrependimentos.

Fiquei bastante impressionada com a situação emocional daquelas pessoas que em alguns trechos de seus caminhos tomaram direções contrárias ao amor verdadeiro, à compreensão espiritual de suas vidas na Terra, à honestidade e ao desejo sincero de ajudar seu país.

Mais uma vez voltamos à necessidade maior de nossas vidas na Terra: recuperar o projeto da alma, curar o coração. Como conseguir isso, quais são os caminhos? Sofrimentos intensos precisam acontecer para que este encontro autêntico com a verdade interior finalmente aconteça?

Ou podemos encontrar os melhores caminhos através do amor, sem errar tanto, sem os enganos e ilusões de nossas existências em mais uma vida neste planeta?

Como está a sua conscientização sobre este momento na sua existência atual, em que esta conquista do seu projeto maior se torna fundamental? Este momento chegou para você? E, se chegou, como você tem respondido a esta questão tão essencial que surgiu agora tão forte e verdadeira? E sobre a "cura do coração", você percebe, conhece as dores reais, as mais profundas? Ou acredita que nada existe para ser curado?

São tantas perguntas, vamos tentar respondê-las com a verdadeira coragem, sempre ao lado da determinação interior, e de uma grande dose de autêntica humildade. Enfrentar a verdade da alma e do coração é tarefa profunda e demorada, quase sempre precisamos de auxílio. Para isso, precisamos aceitar a necessidade vital deste "mergulho interior". Entender que nossas feridas emocionais, a dor, a mágoa, a solidão, tudo isso nos afeta, nos envolve, quase sempre muito mais do que desejávamos.

E ainda: se não conseguimos atingir a verdade da alma, as conquistas mais importantes nos nossos caminhos existenciais, nada importante e essencial vamos conquistar. Em mais uma vida na Terra, depois de tantas e tantas vidas, se não enfrentarmos e curarmos as dores, "as feridas" do coração, não vamos conseguir entender, tampouco desenvolver, o interesse necessário pelos recados, mensagens e intuições da nossa alma.

São estas "feridas" e fragilidades do coração que atingem a alma com consequências no nosso mundo psíquico-emocional, que determinam a nossa visão do mundo atual.

Elas influenciam nossas atitudes e opiniões, não apenas no universo pessoal-comportamental (atitudes e reações) mas também em relação ao mundo exterior.

Quase sempre, muito mais do eu gostaria, ouço profecias "macabras", destrutivas sobre a situação da Terra no seu caminho ainda tão doloroso e difícil em relação à Grande Transformação. Percebo em todas estas visões negativas e amarguradas (há uma amargura oculta neste tipo de análise) os problemas pessoais e dores "mal resolvidas", ou mesmo negligenciadas como se sequer existissem.

Conviver com a impotência, a sensação de que "nada se pode fazer", em relação a um problema ou a uma situação difícil e conflitiva na nossa vida atual, não é o caminho ideal. É importante evitar que esta atitude interior influencie a nossa visão do mundo, do futuro do nosso planeta. Precisamos então superar esta "visão interior desanimada, derrotista", algumas vezes apoiada em profecias de mestres e mentores espirituais. Não duvido totalmente destas profecias, mas vamos escolher, para nossas lutas e sonhos, as profecias mais otimistas. Elas também existem e têm amplas chances de se concretizarem. Eu as leio, as ouço. O que elas nos falam:

"Viva e enfrente o momento atual, por mais difícil e doloroso que possa ser a situação do planeta ou a sua situação pessoal. Viva estas fases sempre tentando manter a mais sincera fé no coração. Nas mensagens e recados que ele consegue lhe transmitir. Acredite no poder maior da Bondade, do Amor e da Compaixão e espalhe esta energia rica de verdade e de cura, espalhe por tudo ao seu redor, inclusive nas suas palavras, e principalmente nas suas emoções. Vamos, sim, colher os frutos de tudo o que plantamos.

Sabemos que esta "colheita" já está acontecendo, ainda com tantas dores, ódios, destruição do planeta, destruição dos valores morais mais verdadeiros em toda a humanidade. Porém, lembre-se de que milhares ou milhões de pessoas no mundo inteiro estão também semeando e cultivando sementes de amor incondicional, de compreensão e perdão para com todos, para com toda a humanidade. Vamos colher, estamos colhendo também, os frutos destas sementes. Coloque-se então entre aqueles que entendem e cultivam estas sementes do verdadeiro amor. E, com esta vibração interior, continue em busca dos seus sonhos pessoais. Mas também em busca da Grande Transformação do planeta. Ela começa exatamente no universo interior, na verdadeira energia da alma e do coração. Esta energia pode nos transformar cada vez mais em coautores desta gigantesca e tão urgente reconstrução, desenvolvendo finalmente os nossos potenciais divinos de amor incondicional, sabedoria e cura." (Texto do meu mentor espiritual).

Coloco aqui uma frase de grande sabedoria, extraída dos ensinamentos da Ordem Rosacruz (AMORC): **"Cada escolha aciona uma condição cármica, boa ou má, da qual o homem não pode escapar"**. É importante ressaltar que, na sua grande maioria, estas escolhas que fazemos seguem os impulsos emocionais, algumas vezes disfarçados em objetividade e racionalidade.

Vamos neste próximo capítulo entender melhor e trabalhar interiormente, a partir deste entendimento. Qual é o verdadeiro projeto de alma que aqui trazemos ao reencarnar na Terra? Ele precisa acontecer na nossa vida pessoal, precisa ser claro e autêntico. E, assim sendo, pode trazer para cada um de nós a cura do coração e muitas outras conquistas em direção ao amor incondicional e autêntica sabedoria.

O Projeto da Alma

Nossa missão pessoal, as tarefas e o aprendizado mais importante de nossa vida atual, pode acontecer em vários níveis; às vezes, nós a percebemos em atividades e situações aparentemente simples, que nos envolvem quase sempre com pessoas difíceis, familiares ou não. Nada disso, no entanto, parece ser importante. Parece não ser assim que gostaríamos de viver o que entendemos como a "nossa missão". Talvez precise envolver muitas pessoas? E como fazer para receber o reconhecimento e a gratidão destas pessoas?

Ao contrário, nosso maior aprendizado, que podemos até entender como uma missão, pode ser cuidar, ajudar de todas as formas possíveis uma única pessoa. Ainda que existam outros problemas, conflitos não resolvidos, situações confusas e angustiantes, a grande tarefa, o grande aprendizado, é sempre "o mais difícil, o que pode nos causar um enorme desânimo".

Às vezes me surpreendo com pessoas que possuem um alto nível de mediunidade, são clarividentes, têm intuições e até mesmo possuem o "dom da cura". Estas pessoas ficam felizes com isso, mas quase sempre envaidecidas, com pensamentos e emoções do tipo "sou muito sensível, tenho muita mediunidade, preciso desenvolver minha missão..." E, de uma maneira realmente prática, nada fazem.

A "sensibilidade mediúnica", que todos possuem em grau menor ou maior, é algo de enorme responsabilidade. Quanto mais sensível, quanto mais você for um "médium desenvolvido, ou quase isto", mais precisará ajudar as pessoas, especialmente os seus familiares. Estes, sim, estão em primeiro lugar, por isso mesmo você reencarnou numa determinada família, que os espiritualistas chamam "grupo cármico". Ou seja, existem problemas, dificuldades e conflitos que precisam ser resolvidos quase sempre na família que você escolheu, ou "precisou escolher", para reencarnar.

É claro, você pode estar suficientemente evoluído espiritualmente e viver o projeto de sua alma com uma autêntica alegria e paz interior. Mas, neste momento da nossa história na Terra, inclusive da nossa história pessoal, esta alegria e esta paz interior indestrutível é algo bastante difícil. Acima de tudo, não devemos nos enganar a este respeito. E uma grande maioria de espiritualistas são médiuns, em maior ou menor grau, com responsabilidades e tarefas importantes na busca de equilíbrio emocional, evolução espiritual e amor verdadeiro.

Vencer possíveis crises de desânimo, se insistirem em se manifestar, é o primeiro passo no grande e iluminado caminho que surge então na nossa vida pessoal.

Vencer o desânimo, o "cansaço interior" diante de situações difíceis e aparentemente "sem solução", não significa de forma nenhuma negar estas situações, tampouco negar os seus sentimentos, as suas emoções em relação a estes problemas. É importante então aceitar, sem nenhum tipo de censura, sem temer por um autojulgamento que classifique estas emoções como "inferiores, materialistas, desequilibradas". Elas precisam ser enfrentadas e curadas, da melhor maneira possível, sem nenhum juízo de valor.

Pode ser que algumas situações, bem como a fase difícil que você está vivendo, nunca se resolvam. **O que você** está sentindo em relação a isso tudo? Isso, sim, precisa e pode ser compreendido e, se possível, superado. Como compreender, aceitar e vencer o desânimo interior, aquele que às vezes sequer queremos reconhecer que existe? Como vencer a desilusão (frustração) que não queremos definir, tampouco entender? Como transformar em alegria e gratidão a solidão que sentimos, que insiste em nos envolver nos momentos mais estranhos e que muitas vezes se repetem? Como conviver, sem perder a paz e a alegria interior, com problemas, dramas, doenças e dificuldades que não conseguimos resolver?

"Não descanseis em vossos remos. Há picos ainda mais altos a conquistar. Não se deve olvidar a necessidade de desenvolvimento intelectual: e devemos cultivar em nós a simpatia, afeição e tolerância. Devem desaparecer toda a rudeza de palavras, toda tendência de sofisticação... nunca falar sem primeiro pensar se o que vai dizer é amável e sensato. Quem procurar desenvolver o amor em si mesmo estará livre de muitos equívocos, o amor é a maior das virtudes: sem ele, todas as demais qualidades serão apenas areia." (*Os Mestres e a Senda*, C. W. Leadbeater)

Faço questão de recomendar este livro. Não é fácil de ler, mas é um dos livros mais importantes que já li, seus ensinamentos são absolutamente reais, suas orientações, escritas de maneira simples e direta, são extremante necessárias nesta fase de tantas dúvidas, questionamentos e confusões psíquicas, emocionais e espirituais em que **ainda** nos encontramos.

Viver, aprender, ser feliz sempre, principalmente quando envelhecemos

Vou tentar, e acredito que vou conseguir, escrever sobre a fase do "envelhecimento" de uma maneira mais leve, especialmente vivenciada por mim mesma. Isto está acontecendo agora, numa fase ainda bem inicial, mas acredito que estou preparada para escrever sobre ela. É um depoimento autêntico, com a meta maior de conseguir com os leitores uma sintonia real, inclusive com aqueles que ainda não estão vivendo esta fase. Muitos destes "ainda jovens" parecem acreditar que "ela jamais acontecerá". Eu mesma também pensava, ou melhor, sentia desta maneira, há alguns anos.

Por que escolhi, neste exato momento do livro, falar sobre o envelhecimento? Se você pensar um pouco, vai logo descobrir que esta é uma fase da qual não podemos escapar e, se essa fase nos provocar sofrimentos, dores e inquietudes em todos os níveis, tampouco isso tem uma solução. Ou seja, somos impotentes diante desta realidade das nossas vidas na Terra.

Acredito que por este caminho vamos conseguir entender que a solução deste ou daquele problema está sempre na maneira como o enfrentamos, mais ainda, na maneira tão pessoal e única que o sentimos. Há sempre uma energia especial, única e individual com a qual você envolve um determinado problema, seja qual for a solução que ele possa ter.

Escrevi que falaria do envelhecimento de uma "maneira mais leve", o que não significa que para mim esta fase esteja sendo assim tão suave, sem questionamentos, angústias e inquietações. Posso lhe garantir que este período que estou vivendo é repleto de altos e baixos, procuro sempre me equilibrar, numa espécie de luta interior para não deixar que a melancolia e o desânimo me invadam completamente.

A vida interior, a espiritualidade, pode ajudar, neste sentido? Sim, devo garantir que ajuda muito e que é mesmo fundamental, mas nem sempre. Os "milagres", efeitos benéficos e curativos destas soluções, respostas e caminhos espirituais quase sempre não acontecem com facilidade, tampouco rapidamente. É algo que precisamos construir.

Algumas transformações, no entanto, espantosamente simples, boas e felizes podem acontecer nesta fase. Quando vou ao shopping, por exemplo, ao teatro e ao cinema, vejo muitas pessoas idosas. Algumas bem-arrumadas, produzidas, maquiadas, enfeitadas com joias ou bijuterias. Homens idosos, bem-vestidos, roupas alegres, esportivas. Outros idosos, numa "produção" mais séria, formal, clássica, parecem querer demonstrar uma aparente fase de serenidade e paz interior. No entanto, eles não me parecem tão felizes, tampouco conscientes de suas emoções, boas ou não. Talvez procurem ignorá-las, evitando possíveis reações de desânimo ou algo assim.

O mais aconselhável, na minha opinião, é o meio-termo. **É fundamental você se sentir jovem**, transmitindo para si mesmo e para os outros uma energia de bem-estar, ainda que naquele momento esta energia não esteja sendo tão verdadeira como você gostaria. Estas orientações podem parecer "fúteis", mas são importantes. Você mesmo se sentirá muito melhor se conseguir uma "produção", ou seja, uma roupa mais alegre e alguns enfeites ou complementos harmoniosos. E isto vai se refletir na sua energia, especialmente se ela estiver prejudicada por pensamentos e sensações tristonhas.

A chamada "fase da velhice" mudou muito, e você, mesmo sendo ainda jovem, já percebeu isso. Quase ninguém mais quer ficar em casa, vendo televisão o tempo todo, cuidando da casa ou dos netos. Isso até pode acontecer, mas vem sendo pouco a pouco colocado como uma exceção nesta fase (longa!) em que os "velhinhos" ainda têm para viver, para curtir, para aprender, para ser feliz. É um tempo bem maior do que há algumas décadas. Precisamos reconhecer isso. E procurar, sem desistir, todas as soluções possíveis para viver bem esta temporada muito mais longa do envelhecimento aqui na Terra.

É importante tentar ser feliz, sempre! Se você já passou dos 60, 70, 80 anos e não é feliz, ou seja, você está na chamada "melhor idade", mas não está se sentindo feliz, não desista, por favor! Cuide muito bem da sua saúde, da sua pele, dos seus cabelos, do seu corpo e especialmente da sua alimentação, sem nunca esquecer os exercícios físicos regulares. Cuide de você mesmo, ainda que possa lhe parecer inútil e contraproducente (às vezes parece mesmo, principalmente no primeiro olhar diante de um espelho quando acordamos de manhã).

É possível, sim, ser feliz na velhice; talvez, até um pouco mais do que antes, quando você era jovem, charmoso, irresistível, inteligente, genial! Pequenos-grandes acontecimentos podem ajudar. Até mesmo assistir a um bom filme pode conseguir milagres. E, se você levar na bolsa ou comprar no cinema um delicioso chocolate (ou as tradicionais pipocas), poderá se deliciar ainda mais, mergulhar o mais profundamente possível na realidade mágica do cinema e, assim, viajar para outro país, entender e sofrer por problemas que não são os seus. Mergulhar em "outras vidas" e extrair delas emoções verdadeiras que não sejam as suas. Ou dar muitas risadas, o que sempre tem um grande valor terapêutico. Em todas as fases da vida, aliás.

Um último conselho, ele parece simples, mas se você refletir um pouco, vai concluir que não é tão simples, tampouco fácil: não faça **mais nada agora** que realmente não quer fazer. Tenha plena consciência e convicção de que pode fazer e quer fazer apenas aquilo que realmente deseja, que faz bem à sua alma e ao seu coração.

Às vezes, esta atitude interior que se reflete nas suas decisões e reações pode se tornar difícil, principalmente nos relacionamentos familiares mais próximos ou conflitivos. A sensação de "liberdade afinal!" é extremamente gratificante. É claro que você tem sabedoria suficiente para viver esta liberdade interior e exterior com todos os cuidados possíveis, mas sem perder mais as condições de conseguir dizer "sim ou não" a uma determinada situação. É uma conquista, e precisamos ter a força interior necessária e autoconfiança para de fato conseguir viver o que conquistamos.

No próximo tema deste livro, escrevo sobre o aprendizado espiritual, especialmente o aprendizado em relação aos sentimentos e emoções, o "olhar da alma" sobre tudo aquilo que um dia nos fez sofrer. Etapa por etapa de toda a vida que você já viveu até aqui, este "olhar da alma" é a maior conquista de todos nós, jovens ou não mais jovens. Mais cedo ou mais tarde, descobrimos a importância deste "olhar", e o que realmente isto significa na nossa existência aqui e agora, nesta dimensão física, mental e emocional onde ainda estamos.

A busca contínua da paz profunda, o "olhar da alma"

O "olhar da alma" é a grande conquista, a certeza pessoal de que estamos finalmente compreendendo e vivenciando o nosso maior projeto, o "projeto da alma". Não é uma tarefa fácil adquirir esta maneira tão especial, espiritualizada, de olhar, perceber e analisar os problemas, situações difíceis, problemas familiares (que nunca terminam) nesta nossa vida aqui na Terra. Ilusões, vaidades, fragilidades emocionais precisam ser vencidas, e para isto serve, acima de tudo, o aprendizado maior que estamos realizando. Por isto mesmo, a fase da velhice é tão especial. As ilusões finalmente terminam, especialmente aquelas que preenchiam nossa vida de orgulho e entusiasmo: a beleza física, o corpo elegante e sempre que possível "perfeito", a agilidade intelectual, o charme, o sucesso, etc., etc.

As conquistas materiais, profissionais e financeiras passam a ocupar um outro espaço, uma importância diferente em cada etapa da existência. Ainda jovens, já podemos perceber que elas não são tão importantes, tampouco nos fazem completamente felizes. Algumas dores são tão profundas, sofrimentos e mágoas intensos, e nada, material ou financeiro, consegue resolver. No entanto, sempre encontramos um espaço ideal para ir em busca das realizações sociais e prosperidade financeira. Há de chegar um momento em que tudo isso passa a ser visto de uma outra maneira.

Todos "acreditam" que já sabem o suficiente – este é um importante detalhe da vida moderna. De maneira geral, as pessoas acreditam que "sabem", que já leram, já encontraram explicações no Google, em cursos, livros (estes são milhares!). Então, acreditam saber TUDO sem sequer entender o que precisa ser "sentido", vivenciado pelo emocional e intuído pela mente superior.

Para chegar a esta compreensão, a primeira exigência é a verdadeira humildade. A certeza plena de que "nada realmente sabemos" e de que temos um universo de conhecimento e aprendizado para compreender, sentir e conscientizar em vários níveis. E isto só pode acontecer se realmente estivermos atentos, conscientes e corajosamente sensíveis – sensíveis e atentos também a um imenso número de pessoas mais preparadas, mais sensíveis e "mais mediúnicas" que podem nos ajudar.

Ou seja, elas possuem condições reais de nos auxiliar, podem já ter conquistado uma sabedoria útil e oportuna para orientar e socorrer outras pessoas. É importante aprender a "ouvir" estas pessoas, ainda que possam trazer inquietações e mais questionamentos. Sempre há de depender da fase específica que estejamos vivendo naquele momento.

Existem também os "amigos invisíveis". Alguns, ou muitos deles, podem entrar em sintonia conosco com ensinamentos, com um conhecimento superior que sequer conseguimos imaginar. No livro *Cartas de Cristo* (cujo autor é uma senhora inglesa muito idosa que não se identifica), vamos encontrar ensinamentos ideais sobre o que estamos tratando aqui. Eles foram "canalizados" por esta escritora, que mora numa fazenda da Inglaterra completamente reclusa. Esta autora-clarividente recebeu, "canalizou", 12 cartas de Jesus Cristo, e elas estão neste livro maravilhoso (editora Almenara). Veja este trecho de uma destas cartas e reflita:

"Quando você começa a extrair a Vida da Realidade Divina por meio de sua busca espiritual fazendo perguntas, meditando, lendo e orando, você começa a abrir sua psique enclausurada no sono da consciência egocêntrica terrestre: você atrai para sua mente e suas emoções a natureza da Realidade Divina em Si. Se sua busca sincera e meditações forem dirigidas para a Verdade do Ser e não para alguma terrena forma religiosa de crença, uma "espiritualidade" superficial e espúria ou qualquer outro objeto material que você acredite que possua poderes, gradativamente a sua própria natureza irá se alterando e você estará consciente dos demais e de suas necessidades de um modo jamais sentido antes. Você se tornará mais empático, compreensivo, afetuoso, compassivo e gentil. De fato, as qualidades da alma da Vida Divina começarão a controlar os seus impulsos naturais egocêntricos de satisfação e autodefesa.

Quando o seu propósito mais elevado se tornar o Propósito Divino em ação, o ego, o núcleo de sua individualidade é então controlado pela sua alma, trabalhando inteiramente em harmonia com as diretrizes de sua alma, a qual extrai sua natureza da Realidade Divina."

Eu escolhi e reuni (resumi) aqui estes trechos, em nada modificando os ensinamentos do livro *Cartas de Cristo*. Leia com a mente aberta, o coração preparado para entender, para se deixar envolver por estas cartas especialmente escritas para cada um de nós, tentando, assim, de todas as formas possíveis, tornar mais compreensíveis nossos problemas, dramas e conflitos pessoais e planetários.

Algumas pessoas, e elas são muitas infelizmente, não aceitam este livro, porque ele nos traz aspectos desconhecidos da vida de Jesus Cristo. No entanto, os ensinamentos são maravilhosos, e acredito que a canalização seja autêntica, merece todo o nosso respeito e interesse.

É com este "olhar da alma", que o livro aqui citado nos ensina, que precisamos enfrentar nosso projeto pessoal. Enfrentar também as dores, emoções e sentimentos, neste nosso universo interior de sensibilidade e carências, sempre em busca de amor e realização pessoal. Tudo se tornará mais compreensível e muito mais facilmente suportável.

Este tipo de análise, esta percepção iluminada, esta sabedoria reconquistada para enfrentar e analisar nossos problemas e os problemas do mundo em que vivemos, tudo isto é uma conquista. Não é fácil, exige determinação, coragem e humildade. É algo ainda mais difícil e quase impossível para um grande número de pessoas, inclusive aquelas que acreditam possuir a verdade. E parecem acreditar que esta verdade possa ser a única que realmente importa, pensando e concluindo desta forma quase sempre apoiadas em dogmas religiosos, ou mesmo em livros e mestres espirituais, de todos os níveis.

Vale a pena lembrar que nenhum Mestre espiritual autêntico, em toda a sua sabedoria e humildade, pretende ou pretendeu um dia ser o único mensageiro de Deus Pai Criador, nem acredita possuir a verdade maior de nossas existências aqui neste plano físico. Tampouco eles afirmam que nos livros que escreveram existam os únicos e melhores caminhos para o nosso tão longo aprendizado, em muitas e muitas vidas.

Qual é o melhor caminho? Existe um, especial e único, preparado apenas para você. Por isso mesmo ele sempre será solitário, embora muitas outras pessoas ao seu redor possam se beneficiar com o aprendizado e as conquistas da "sua caminhada". E isto me parece ser o mais importante neste caminho que escolheu para sua evolução espiritual, para o seu aprendizado maior nesta vida.

Neste exato momento os frutos desta caminhada aparecem? As pessoas mais próximas ou não, elas podem ser poucas, ou enormes multidões, estão se beneficiando, estão sendo ajudadas de alguma forma através do "seu" aprendizado, da "sua" compreensão?

Em algum momento da sua busca de aprendizado e evolução, o caminho será essencialmente solitário. A busca interior, o caminho maior é sempre solitário. Mas, em outras fases da vida, os benefícios também do "mundo exterior", em vários níveis, podem acontecer. Ou seja, aparecem os frutos, visíveis ou não, concretos ou extremamente sutis. O Projeto da Alma dia a dia vai se concretizando. É possível auxiliar de fato outras pessoas, um grupo e mesmo um país, e auxiliar de várias maneiras toda a humanidade da Terra.

O Projeto da Alma e a Cura do Coração
(Texto "ditado" por meus mentores espirituais)

Quando tentamos descobrir e entender qual é o projeto da nossa alma nesta vida, nem sempre nos detemos nos aspectos psíquico-emocionais que estão completamente envolvidos na realização deste projeto. No entanto, sabemos que ele existe e que no processo evolutivo pessoal um importante aprendizado precisa ser desenvolvido, por isso mesmo estamos aqui na Terra.

É preciso entender que nossas emoções, reações, atitudes, crenças e opiniões ao longo de tantas existências precisam ser conhecidas e compreendidas o mais profundamente possível. Somente assim, um dia, que será radioso e iluminado, chegaremos ao portal, ao início de um caminho, em busca de uma autêntica compreensão espiritual, dentro do nosso microcosmos. Depois será possível a conscientização sobre o projeto maior de nossa alma aqui na Terra.

Quando finalmente conseguimos descobrir, aceitar e vivenciar este projeto, problemas, desequilíbrios e situações difíceis passam a ser enfrentados, compreendidos de uma outra forma. O "olhar da alma" finalmente começa a acontecer. Tudo se encaixa numa única e perfeita compreensão, que recebe a todo momento as mais verdadeiras intuições, e passo a passo conseguimos conquistar uma autêntica sabedoria.

O caminho é longo, repleto de perigos, encruzilhadas complexas que muitas vezes nos trazem enganos, arrependimentos e vontade de desistir. As "razões da alma" buscam o tempo todo falar ao nosso coração. Precisamos nos preparar para isto. A dificuldade maior deste caminho, sempre individual, secreto e original, está neste nosso coração, quase sempre insensível e distante, na tentativa de apenas ouvir e entender recados mais superficiais, aparentemente felizes, envolvidos em vaidades e todos os tipos de fantasias e ilusões.

Com o tempo conseguimos amadurecer, especialmente quando enfrentamos conflitos, mágoas e frustrações em mais esta aventura na Terra. Voltamos nossa atenção e nosso interesse às "coisas do espírito", buscando auxílio, consolo e orientação. Pouco a pouco, o "projeto maior" vai sendo percebido e vivenciado, ainda que envolvido em sofrimentos e dores circunstanciais. Afinal, por causa deles é que conseguimos, de fato, despertar!

A "cura do coração" é o momento mais importante desta nossa vida aqui e agora. Depois dela, a esperança retorna, a busca do amor incondicional e o preparo espiritual tão necessário para ajudar, consolar, desenvolver a bondade e a compaixão. **Apenas um coração liberto de suas próprias mágoas, de suas feridas seculares, pode estar preparado para este grande salto de libertação e evolução espiritual.**

Prepare-se para este momento. Mais cedo ou mais tarde ele acontecerá para você, ainda que aparentemente possa estar tão longe agora. Prepare-se para entender o significado maior da nossa vida na Terra, nesta fase caótica e dramática que o planeta vive. O projeto da alma, da sua, e de toda a humanidade vai nos mostrar o caminho. Um dia, nos encontraremos novamente num ponto qualquer, iluminado e abençoado, deste caminho maior.

Estamos vivendo aqui, para lutar, trabalhar, ser feliz, amar, prosperar, eu sei disso. Mas também estamos aqui principalmente para desenvolver o "olhar da alma", a visão espiritual-cósmica. E com essa visão analisar e resolver nossos problemas pessoais. Reconquistar finalmente o caminho maior, seguir por ele, com o coração livre e feliz, envolvido na mais profunda paz. Tudo isso pode parecer agora uma miragem, um sonho místico-esotérico. Um dia se tornará a mais concreta realidade. Eu tenho certeza que sim. Depende apenas de cada um de nós.

Descobrindo e confiando no próprio caminho

Somente as suas tendências pessoais e o aprendizado já adquirido podem lhe indicar com segurança qual é (para você) o melhor caminho. Ele é necessariamente aquele que mais consegue uma autêntica sintonia com a sua personalidade, seu estilo de vida, sua orientação interior, equilibrada ou não, saudável ou não. Por isto mesmo, todos os caminhos precisam ser respeitados. Ainda que, numa análise mais profunda, possam parecer errados, prejudiciais, e que de maneira alguma estão conseguindo ajudar de fato a pessoa que o escolheu.

Mais cedo ou mais tarde, esta pessoa que acreditamos estar num caminho prejudicial conseguirá ver com seus próprios olhos, sentir com a sua sensibilidade, perceber com a sua intuição. Entretanto, sempre é possível fazer algo para que ela "desperte" e perceba o quanto antes aquilo que gostaríamos tanto que percebesse. É claro que este desejo nosso precisa ser o mais tranquilo possível, sem criar expectativas em nenhum nível.

O seu exemplo, "sua vida cotidiana", suas atitudes, a paz que você irradia, a "saúde integral" que você quase sempre possui são consequências, algumas maneiras de exteriorizar a grandeza, a essência verdadeira de um determinado caminho. E isso é naturalmente percebido, quase sempre sem a necessidade de muitas palavras, teorias e explicações.

À medida que isso for realmente acontecendo, a "solidão" vai sendo vivenciada de uma outra maneira. Ela não assusta mais, não lhe traz noites de angústia e insônia. Por outro lado, você já não se preocupa tanto em dividir, compartilhar, influenciar as pessoas ou as situações com a verdade que está conquistando, tampouco convencê-las sobre este ou outro caminho.

Se existe "solidão", ela é especial, quase sempre bem-vinda, trazendo intuições, aperfeiçoando a sensibilidade, fortalecendo a paz interior. "Uma solidão iluminada", como dizem e ensinam os estudos e monografias da Ordem Rosacruz, uma escola iniciática, originária das escolas de mistério do Antigo Egito. Voltaremos a este tema mais adiante.

Aos poucos, e cada vez mais, você "recupera a si mesmo". Sua Divina Presença, seu "eu divino" vai assumindo o controle do ego, das ilusões, vaidades e mentiras em vários níveis e manifestações. Ao encontrar o "seu caminho", sempre entendendo que ele não é final, nem decisivo, nem radical, a Grande Transformação, solitária e invisível, começa a acontecer. Num ritmo especial, o seu, que a sua energia, a vibração do seu microcosmos, consegue e determina.

Às vezes, nesta nova era que se aproxima, este ritmo pode ser muito rápido, fantástico, quase milagroso. Quase sempre, no entanto, o autêntico desenvolvimento de um "caminho evolutivo" é mais lento, repleto de altos e baixos. E nele estamos sempre descobrindo motivos e razões, atalhos e encruzilhadas para continuar a aprender. Você mesmo vai descobrir e entender isso.

"O olho não vê, o ouvido não escuta, o coração humano jamais pode conceber as coisas que Deus reserva aos que O adoram, pois o amor de Deus, a sabedoria de Deus, o poder de Deus e a glória de Deus ultrapassam todo entendimento, tanto quanto a Sua paz." (*Os Mestres e a Senda*, C. W. Leadbeater)

2. Construindo e aprendendo um cotidiano muito especial nos movimentos de uma Nova Era

Foram anos e anos de aprendizado, conquistas e transformações. Um novo mundo estava rapidamente nascendo, a partir do vazio, da insatisfação de grande parte da humanidade. Vou compartilhar isso agora com vocês!

Foi um sonho estranho, diferente, mas muito claro, sem deixar dúvidas ou questionamentos. Alguém me dizia: "Você vai ter um programa de rádio. Vai chamar Jornal Alternativo". Quando acordei, não sabia por onde começar a procurar, nem exatamente o que procurar: uma rádio, um amigo que trabalhasse em rádio, matérias publicadas sobre as rádios? Que tipo de programa eu poderia fazer, produzir, criar? O nome para o programa já existia, eu "o recebera" em uma mensagem bem nítida, naquele mesmo sonho.

1988, São Paulo, capital. Já se falava muito na Nova Era, mais especificamente chamada naquela época de "Era de Aquário". Então, sem pensar muito, fui em busca de uma rádio. E encontrei, logo na primeira tentativa, um diretor de redação muito espiritualizado, sensível, consciente, budista. A primeira conversa foi mais ou menos assim:

– Quero trazer aqui para vocês, para esta rádio, um programa sobre a "Nova Era", em toda a sua amplitude, nos temas comportamentais, na saúde, na alimentação, no misticismo, na ecologia... Tenho estas informações para as reportagens, conheço as pessoas, profissionais ou não, que podem falar sobre estes temas.

– Sim, eu sei – o diretor da rádio logo respondeu. – Você participou do "Seminário sobre Vida Alternativa" que aconteceu em Pindamonhangaba, no interior de São Paulo. Foram três dias, eu me informei, em que médicos homeopatas, nutricionistas, místicos de várias crenças, médiuns e escritores conversaram, conviveram e participaram de palestras e debates. Este seu programa de rádio é sobre todo este movimento? Eu sei que estas tendências e mudanças estão acontecendo em várias partes do mundo. Estamos interessados, em princípio, já posso lhe afirmar isso. Fale um pouco mais, como pretende desenvolver o programa?

A conversa continuou envolvida em uma energia muito especial, harmoniosa, envolvente. Quando o programa foi finalmente aceito, com patrocínio (uma importante farmácia homeopática de São Paulo), fui surpreendida com um convite:

– Tudo certo, vamos fazer o programa. No início vão ser apenas dez minutos por dia e quem vai apresentar o programa, fazer as entrevistas, enfim, tudo o que vai acontecer, quem vai fazer isso é você. Sua voz é boa, você é carismática, entende de tudo isso melhor do que ninguém, você mesma é quem vai produzir e apresentar.

Concordei, é claro, apesar de nunca ter pensado em "fazer rádio" (muito menos AM). Eu tinha em mente tudo o que deveria ser feito, e como deveria ser feito. Interiormente, no entanto, eu também me perguntava: por onde começar esta incrível aventura jornalística-pessoal-emocional-espiritual?

Mestres espirituais, mentores e anjos da guarda me ajudaram muito. Tudo aconteceu como deveria ser, parecia mesmo que já estava "cosmicamente" programado. Hoje sei disso e entendo muito melhor. Talvez não tenha entendido tão bem durante mais de 26 anos em que o Jornal Alternativo aconteceu, em vários horários, em rádios de São Paulo e também no interior do estado.

"Eu sou o mais puro e radiante desígnio divino do meu ser. Eu sou e estou vivendo agora a plenitude da minha missão." (Arcanjo Gabriel, canalizado por Elizabeth Claire Prophet)

Este decreto tem uma íntima relação com tudo o que estava acontecendo na minha vida naquele momento. O contato, uma autêntica sintonia com os Mestres Ascensos, Arcanjos e Anjos, é algo muito mais difícil e quase sempre demora muito para acontecer. Um longo caminho precisa, às vezes, ser percorrido. Hoje compreendo tudo melhor. Afinal, o que é mesmo que eu consigo entender de todo este processo que vivi?

Existia em todo o planeta uma energia diferente, especial, de mudança, de transformação. Em alguns países, conforme sabíamos, esta energia era mais intensa, atingindo pessoas de vários níveis culturais e espirituais. As pessoas, de maneira geral, tinham "seus sofrimentos" e queriam ser ajudadas de todas as maneiras possíveis. Elas queriam sentir e acreditar que este auxílio existia, queriam respostas, queriam entender principalmente por que estavam sofrendo. De várias maneiras e em vários níveis da vida na Terra, os desequilíbrios emocionais estavam sendo muito mais conscientizados, e isto tornava ainda mais intensa e autêntica a busca de mudanças e transformações.

Os mentores espirituais da Terra estavam mais voltados para estas necessidades imediatas: uma grande desilusão com as religiões tradicionais, um desejo interior muito forte de entender a vida, seu significado maior, entender a morte, e principalmente o que poderia existir depois dela. Além disso, uma necessidade maior e urgente de conquistar o autoconhecimento e o equilíbrio emocional.

As explicações vinham de muitas partes do mundo – capitais, grandes ou pequenas cidades do interior. No Brasil, em algumas cidades especialmente, como São Paulo e Rio de Janeiro, e muitas outras, os ensinamentos aconteciam de várias formas, em vários estilos. Quase sempre preocupados em ajudar, consolar, curar doenças físicas, mentais e principalmente emocionais.

Os Mestres Ascensos, Arcanjos, Anjos e outros líderes espirituais de dimensões mais evoluídas se preparavam para atuar mais próximos de nós, mas ainda não era este o momento ideal. Na verdade, existia um longo caminho a ser percorrido para que pudesse acontecer uma sintonia autêntica com estes seres, a energia, a vibração precisava ser purificada. Neste caminho longo e tão necessário ainda nos encontramos nesta fase atual da Terra. É claro que muitas transformações aconteceram e continuam a acontecer em todas as partes do planeta, para nos levar à Grande Mudança.

Aos poucos, a espiritualidade vai se tornando mais profunda, sem tanto sofrimento a ser resolvido

Resolver problemas, responder uma infinidade de dúvidas e questões, curar doenças físicas e emocionais, ajudar de todas as formas possíveis um número crescente de pessoas que parecia aumentar cada dia mais. De todas as formas possíveis, elas queriam um caminho, um auxílio prático, mas ao mesmo tempo espiritual, místico, até mesmo milagroso, se possível.

O rádio, especialmente algumas rádios AM, se tornou um importante veículo de comunicação para estas pessoas, a maioria delas muito sensíveis, porém mais simples, sem tanta cultura ou intelectualismo, mas possuidoras de uma grande evolução espiritual, uma grande humildade ao lado de uma enorme grandeza interior. Nos programas de rádio, estes ouvintes queriam conversar, explicar seus problemas e receber respostas, orientações de médicos, jornalistas, escritores, líderes espiritualistas e místicos das mais variadas crenças e doutrinas. Eles queriam receber também o amor de que precisavam, a atenção, o conforto e quase sempre uma solução, ou pelo menos um caminho ideal para que esta solução pudesse acontecer.

Medicina Homeopática, Fitoterápica, Florais de Bach, Acupuntura, Aromaterapia, Angelologia, Iridologia, Cromoterapia, nutricionistas, naturalistas, vegetarianos, macrobióticos e outros profissionais (alguns chamados de "alternativos") cuidavam, divulgavam as transformações exigidas e aguardadas por tantos na área da Saúde, especialmente saúde mental.

Por outro lado, textos e livros sobre Arcanjos e Anjos começavam a surgir numa espécie de ciência muito especial, a Angelologia. Eram assim chamados os especialistas em anjos da guarda: **Arcanjos e Anjos dos 7 Raios, os Raios de Cura.** Ao lado deste conhecimento, canalizações, livros e palestras sobre os Mestres Ascensos. Num outro tipo de misticismo, mais mágico, talvez misturando a realidade interior com o mundo exterior, surgiam gnomos, duendes, fadas, seres ligados à Natureza. Pessoalmente, acredito em todos eles, embora nunca tenha visto nenhum. Tive nas minhas mãos fotos de jardins e florestas onde estes seres podiam ser perfeitamente visíveis.

Aos poucos, o interesse pelo espiritualismo ia se tornando mais profundo, fruto de muitas indagações pessoais e planetárias. Aos poucos, fui sendo levada por estas mudanças na energia que envolvia a todos nós, e também nos caminhos que buscávamos para descobrir, se possível, a verdade maior, importante e única. A verdade secreta e até mesmo indescritível de cada um de nós. Qual seria ela, naquele momento do mundo e da minha vida neste planeta? E qual era exatamente o meu papel em todas estas transformações?

Eu tinha algumas respostas: divulgar as transformações que aconteciam a todo momento. Transformá-las, na medida do possível, em fatos reais, jornalísticos, e explicar estes fatos por meio de entrevistas, conversas e mais conversas com os ouvintes, e deles com o entrevistado daquele dia, naquele meu programa específico.

A conscientização estava acontecendo por meio do rádio, em programas como o meu. Numa determinada época, o "Jornal Alternativo" acontecia todos os dias, das

12 às 14 horas, mas, de fato, não era ainda tão profundo quanto necessário. Entretanto, muitos daqueles ouvintes se beneficiavam, recebiam de fato o auxílio necessário. E um número muito grande deles procurava então se aprofundar naqueles caminhos, extraindo deles as bênçãos e o conhecimento necessário.

Um dia, num sonho, eu vi e ouvi um mentor espiritual me dizendo: "**Precisamos conscientizar as massas**". Talvez não fosse exatamente este o meu maior desejo, ainda envolvida em sonhos mais intelectualizados, uma carreira jornalística voltada ao comportamento, psicologia e até mesmo à roda-viva da economia e da política do meu país. Mas não era esta a minha missão.

Para todos nós, o aprofundamento real em todo aquele conhecimento metafísico, cultural e comportamental foi acontecendo aos poucos. Sempre impulsionado por uma espécie de "enredo muito especial" na vida de cada um daqueles milhares de pessoas. Neste enredo pessoal, fatos, problemas, conflitos e sofrimentos de todos os tipos aconteciam e traziam a necessidade maior de conscientizar, de se aprofundar. Aprofundar-se, entender e tratar, em busca do aprendizado necessário, o desejo interior de compreender as causas, entender os efeitos e enfrentá-los com a força interior e com a espiritualidade pouco a pouco conquistada.

Eu poderia escrever muito mais sobre esta tão importante fase da minha vida atual neste planeta, com bastante cuidado para não cair num "proselitismo" sem tanta utilidade, mas escrevendo exatamente o que precisa ser contado. Conheci pessoas maravilhosas durante todos estes anos. Ainda tenho contato com algumas delas. O espiritualismo da chamada Nova Era tomou outros caminhos, a maioria deles já delineados e apresentados em muitos outros programas de rádio, além do "Jornal Alternativo".

Em alguns programas de TV, as divulgações e entrevistas sobre estes temas continuaram, sem tanta continuidade. Revistas surgiram e uma enorme quantidade de livros espiritualistas, espíritas, autoajuda, esoterismo etc. Os programas de rádio/TV continuaram em algumas emissoras. Especialmente na Internet, em estúdios próprios, estes programas aparecem cada vez mais. Assim como começaram a se desenvolver num ritmo crescente cursos, palestras e workshops sobre temas espiritualistas, em vários níveis, dos mais científicos aos mais simples, apoiados às vezes em crenças e religiosidade, mais recentemente "nos tratamentos, na energia quântica" e seus efeitos na busca de saúde física e mental.

Alguns profissionais de saúde tanto física quanto psíquica daquela época (final de 1980 e década de 1990) continuam ativamente, ajudando e evoluindo sempre. Outros tomaram alguns rumos mais mercenários, preocupados e interessados nos aspectos financeiros desta espécie de "profissionalização (às vezes confusa e não tão respeitável) dos caminhos, terapias e cursos para uma nova espiritualidade".

Depois de alguns anos, conforme verifiquei, um número incrível de lojas esotéricas deixou de existir. Atualmente não tem sido mais tão fácil encontrar velas coloridas, incensos, anjos e imagens místicas em vários estilos e preços. Não tem sido tão fácil como naqueles anos todos do "Jornal Alternativo".

Durante todos estes anos de rádio e outros canais de comunicação, muitas críticas surgiram sobre as matérias e os temas do programa. Reações contrárias aconteceram, fanatismos e radicalismos apareciam para questionar e censurar: "Nada disso é verdadeiro, é tudo superficial, tudo misturado, sem comprovações científicas, e se confunde com a ambição e a vaidade". Em contrapartida, muitas pessoas já me procuraram para contar "como minha vida mudou, hoje não sou mais a mesma pessoa. Reaprendi a rezar, busquei e estou encontrando uma sintonia com Deus, com os Mestres e com os Anjos".

Em algum lugar em tantas e tantas dimensões, nos caminhos de um verdadeiro desenvolvimento espiritual, um dia reencontrarei estas pessoas que um dia me contataram. Na verdade, continuamos muito próximos, na mesma vibração, na mesma energia. E certamente continuamos a desenvolver o aprendizado maior, sem mais todo aquele incentivo, aquele entusiasmo contagiante de programas de rádio como o "Jornal Alternativo".

O entusiasmo por "si mesmo" para concretizar a riqueza interior, a sabedoria, a paz profunda e a alegria interior; esta, sim, precisa ser sempre a meta maior. A chamada "nova espiritualidade", o amor, os ensinamentos e o auxílio dos Mestres Espirituais, Arcanjos, Anjos e Mentores, caminha lado a lado com aqueles que já "despertaram".

"Todas as práticas espirituais servem apenas para ajudá-lo a ganhar tempo. Elas o convidam a experimentar o amor incondicional e a graça aqui e agora. Convidam-no a parar de pensar, de fazer, planejar e sonhar, comungar em silêncio com seu próprio ser. As práticas espirituais simplificam a trama intrincada da vida num único pensamento, numa única respiração, numa única ação. Dizem que cada situação, cada relacionamento, cada gesto do coração ou da mente é um veículo para a verdade de Deus." (*Amor incondicional*, Paul Ferrini)

A verdade está presente e atuante, de várias maneiras, em caminhos diversos. Descubra a "sua verdade"

"Deus fala aos corações das pessoas, em muitas linguagens e estilos. Em todos estes corações Ele está presente." Esta foi uma frase que li num dos muitos livros espiritualistas e esotéricos que estou sempre lendo. Ela é verdadeira, e por isso mesmo os estudantes da Ordem Rosacruz dizem em suas orações: "Deus dos nossos corações. Deus de nossa compreensão".

Em todos estes anos do "Jornal Alternativo", sempre procurando também uma autêntica evolução espiritual, fui me preparando para aceitar "as verdades" desta ou daquela doutrina, crença ou escola iniciática. Fui aprendendo (e isso foi muito bom) a não cultivar de maneira nenhuma o radicalismo, percebendo que todos nós podemos ter acesso a uma parcela da verdade.

Esta pequena, ínfima que seja, parcela da verdade pode servir para cada um de nós como uma autêntica luz. Talvez ela não se adapte tão bem assim nos caminhos de outra pessoa. Ou se for útil, melhor ainda. O desejo de todos nós deve ser repartir ao máximo, com alegria e gratidão, este pedacinho de verdade espiritual-interior, que conseguimos descobrir nesta vida na Terra.

As pessoas mais corajosas, que estão sempre buscando, mas também são humildes, ainda são raras neste planeta. Existe muita vaidade e uma enorme dose de egoísmo e egocentrismo envolvendo os chamados "buscadores", inclusive aqueles que transformaram a atividade, o desenvolvimento espiritual numa profissão, às vezes muito rentável.

Nada tenho contra isso, nem compete a mim julgar esta opção, muitas vezes sincera e útil, além de "lucrativa".

Escrever sobre isso não é o mais importante. Importante mesmo é que cada um de nós consiga cuidar de sua própria evolução, entendendo que esta é uma caminhada essencialmente solitária, o que às vezes pode causar angústia e sofrimento. A "solidão iluminada" de que falam os estudantes da Ordem Rosacruz deve ser a meta de todos nós, nosso sonho maior na busca de uma corajosa e harmoniosa evolução espiritual.

Atualmente, tenho tido algum "contato" com seres de outras esferas, outras galáxias, de uma dimensão superior a esta em que vivemos. Percebo as dificuldades de alguns espiritualistas, espíritas kardecistas, ou de outras religiões para aceitar esta sintonia e a necessidade tão urgente e oportuna de encontrarmos as melhores maneiras para vivenciar este contato. Não basta apenas acreditar que ele existe ou possa existir. Não basta apenas ler sobre o assunto e perceber que o tema está presente em muitos livros, especialmente em livros espiritualistas e até mesmo em alguns espíritas. Acredito que isso também é útil, mas precisamos ir muito mais adiante.

O que precisamos fazer para entender e ter acesso a estes nossos irmãos de outras e mais evoluídas dimensões? É preciso, acima de tudo, ter a plena certeza do quanto isso pode nos ajudar, ajudar a humanidade, também de uma maneira mais pessoal. Ajudar na transformação espiritual, na conquista da paz, da sabedoria e da alegria interior para cada um de nós. Mentores e mestres de outras dimensões são nossos irmãos em nome de Deus, nosso Pai Criador, nossos irmãos mais velhos, mais preparados. Em muitas outras vidas, conseguiram chegar ao nível de compreensão em que agora se encontram.

Coloco aqui um texto do livro *Projeto Contato II* (Biblioteca Ufo), de autoria de Monica Medeiros (medica cardiologista, diretora-fundadora do centro espírita Casa do Consolador, de São Paulo) e Margarete Áquila (psicanalista, trabalhadora e orientadora deste centro espírita, com formação profissional em Matemática e Sistemas de Informações).

Faço aqui, com vocês agora, o que eu faria no meu programa de rádio 'Jornal Alternativo". Uma entrevista e algo como uma minirreportagem sobre o tema, acreditando que este texto possa explicar esta nova realidade, ao lado destes irmãos mais evoluídos, eliminando o medo, opiniões radicais, fruto às vezes de vaidades, ignorância espiritual, preconceitos e ilusões.

Um novo mundo começa a nascer: uma tentativa de síntese de alguns ensinamentos do livro *Projeto Contato II*

"As profecias sobre a mudança para uma nova era de espiritualidade se encaixam perfeitamente neste momento do planeta. Um novo céu, representado pela consciência e suas transformações, e uma nova Terra, representada pela fisicalidade dessa existência, estão intimamente ligados e fazem o planeta reagir da mesma forma com mudanças geográficas e climáticas como as que vemos hoje. Ao mesmo tempo em que vemos este cenário triste e desanimador, percebemos o que grandes mestres nos ensinam, que a consciência pode ser transformada radicalmente. Neste ponto, os extraterrestres já mencionados falam que as religiões, como estão atualmente, não nos ajudam a encontrar o caminho, porque estão mais preocupadas em defender seus pontos de vista, dando ênfase ao ego, do que levar o ser humano a um novo estágio de espiritualidade e consciência". (Trechos escolhidos da p. 99 e 100 do livro citado)

Descobri este livro da Monica e da Margarete e logo concluí que precisava conhecer melhor o trabalho delas, inclusive entrevistá-las. Não foi fácil, mas finalmente consegui marcar um horário com a Margarete, lá mesmo, na Casa do Consolador, um centro espírita muito especial de São Paulo. Uma instituição totalmente filantrópica que se dedica a divulgar o Espiritismo, ajudar as pessoas, orientar, tratar, curar. Isso é feito de uma maneira moderna, atual, ou seja, sem preconceitos, sem radicalismos, com ampla abertura para os Mestres Ascensos, para Arcanjos e Anjos e especialmente para nossos irmãos mais evoluídos de outras dimensões.

É isso que nos pedem os Mestres Ascensos e também os nossos mentores pessoais, aquela "egrégora espiritual" de cada um de nós. Já escrevi sobre ela nas páginas deste livro. Descobri então, neste centro espírita-holístico, palestras e cursos "em sintonia" com nossos irmãos extraterrestres, especialmente Pleiadianos e Arcturianos.

Acredito que na entrevista com Margarete vamos conhecer melhor os significados deste tipo de trabalho espiritual, cósmico, interplanetário. Ele é extremamente necessário para que possamos impulsionar de fato a conscientização da humanidade, em todas as partes do planeta.

Ela me atendeu na sua pequena e aconchegante sala, bem localizada nas instalações grandes e confortáveis que a

Casa do Consolador ocupava, numa rua sossegada da Vila Mariana, em São Paulo. É uma mulher ainda jovem, bonita, elegante. Calma e serena, vai respondendo às perguntas. Percebo uma grande sinceridade em tudo e fico muito feliz por estar ali com ela, divulgando estes temas.

Aceitando e compreendendo a Grande Transformação

Sinto que estamos sendo levados a uma grande transformação, querendo ou não, participando ativamente ou não. É um grande movimento cósmico-universal que nos impulsiona para a evolução. O "sistema Terra" é uma pecinha desta evolução. Cada vez mais esta verdade e muitas outras se tornarão compreensíveis para todos nós, inclusive nos movimentos político-sociais, a transparência é a tônica, tudo agora está aparecendo. Há uma tendência cada vez maior para quebrar a censura do inconsciente para que grandes progressos individuais possam acontecer. Trazer tudo à Luz! Como se os maiores problemas, inclusive os pessoais, estivessem vindo à tona com uma grande força, "não consigo mais esconder nada de mim mesmo". Esta é a tônica de todo este movimento em que grande parte da humanidade está envolvida. Mas quem está realmente conseguindo enfrentar e evoluir fará parte com certeza desta Nova Era.

– Existem alguns caminhos que possam ser compreendidos aqui, para que cada vez mais as pessoas compreendam e façam parte desta evolução? – pergunto para Margarete Áquila.

– O caminho é "quebrar dogmas", buscar e viver uma fé mais racional, repleta de sentimentos profundos. A humanidade ainda tem muitas dificuldades; as pessoas, de maneira geral, precisam de um impulso muito firme, elas não conseguem evoluir sem isto. As igrejas evangélicas quase sempre conseguem transmitir este impulso, esta correção, esta disciplina. Elas abrigam quase sempre muitos viciados em drogas que querem se curar, também ex-detentos. Na doutrina espírita, esta religiosidade é mais racional, não impõe tanto, não obriga. Sempre procurando permitir que a própria pessoa alcance sua compreensão interior. Os extraterrestres, por exemplo, da Quinta Dimensão, não têm esta religiosidade; para eles, a concepção do "Uno" é natural, eles já estão ligados naturalmente ao "Todo". Na Terceira Dimensão isso ainda não acontece naturalmente, espontaneamente. Na Quarta Dimensão ainda estamos lidando acima de tudo com os pensamentos e as emoções. No entanto, quando falamos em "conscientização" já estamos vivendo na Quarta Dimensão. Quando dormimos vamos para a Quarta Dimensão. O que envolve a humanidade no chamado mundo espiritual (astral) é ainda a Quarta Dimensão. Ainda precisamos da religião, esta é a conclusão, e nela é possível encontrar alguns caminhos que possam ser úteis para cada pessoa em especial. Por isso mesmo a sintonia autêntica com os chamados "extraterrestres" ainda é muito difícil e uma grande maioria das pessoas não a consegue.

A entrevista continuou. Eu tinha muito mais para perguntar. Mas, talvez, ainda não seja o momento de sabermos tanto. Então perguntei sobre a Shellyana, a sua mentora espiritual. Ela é de uma outra dimensão, conforme fiquei sabendo.

– A Shellyana é pleiadiana, ela vive na Quinta Dimensão, é uma "humanoide", tem um corpo bem parecido com o nosso, mas muito mais sutil. Ela é alta, linda, é casada e tem um filho. Eu não canalizo suas mensagens e ensinamentos, quem faz isso é a Dra. Monica, em momentos especiais aqui na Casa do Consolador.

– Você sabe que os interesses por todos estes assuntos relacionados aos chamados "extraterrestres" aumentam dia a dia. O que você aconselha para que as pessoas possam conquistar este tipo de conhecimento e até mesmo uma sintonia com eles? – perguntei.

– A melhor maneira foi como aconteceu comigo, é se interessar por temas ligados à Ufologia, revistas, livros, palestras. Quando você faz isso, já está sintonizando a mente para o assunto. Eu sempre acreditei, sem nenhum tipo de dúvida. Além disso, sempre desejei muito fazer parte de um projeto para a transformação da Terra. Quando fui me espiritualizando, também na vida profissional, fui me voltando cada vez mais para estes temas, buscando acima de tudo o conhecimento da Ufologia. Estes seres mais evoluídos podem realmente nos ajudar. Na Federação Espírita de São Paulo, inclusive, já existe um grande interesse sobre estes temas. As mudanças são lentas. Na verdade, para que elas aconteçam, os líderes, em todos os níveis, precisam estar preparados.

Quando saí daquela sala, estava ainda mais atenta para todo este novo mundo para o qual estamos caminhando, conscientes ou não, conforme explicou a Margarete. O que me parece extremamente importante, e isto eu também conversei com ela, é entender melhor sobre as curas e as cirurgias transdimensionais desenvolvidas com a energia quântica. Os médiuns curadores, que trabalham em sintonia com estes irmãos de dimensões mais evoluídas, atuam diretamente nos órgãos afetados e conseguem curá-los, ou conseguem uma grande melhora.

"Precisamos estar preparados para merecer este tratamento. O autoconhecimento, por exemplo, é fundamental. Sem este preparo, a energia que eles projetam simplesmente não se sustenta", foi assim que Margarete Áquila concluiu nossa conversa. Certamente ela sabe, assim como nós, que ainda existe muito, mas muito mesmo, para descobrir e aprender. E ainda: a conquista de um autêntico equilíbrio psíquico-emocional é fundamental para que este nosso campo vibratório esteja de fato preparado para esta elevada sintonia.

"O que vos unirá será a busca da consciência universal. Há leis que tendes de conhecer – assim haverá uma verdadeira transmutação nos conhecimentos atuais. Se vossos lóbulos direitos despertarem, conforme pedem nossas leis, será de vossas próprias revelações que obtereis informações. Na verdade, o Universo espera vossa integração definitiva e consciente no Grande Plano." (*ERKS – Mundo interno*, Trigueirinho)

A importância deste contato: acreditar, respeitar, desenvolver

Acabo de ler no jornal uma entrevista com uma famosa artista de TV e teatro. Ela foi questionada sobre espiritualismo, religião, outras vidas. Tudo isso por causa de uma recente novela da televisão que parece possuir uma temática central espiritualista, melhor ainda, espírita. A resposta desta pessoa "famosa" me surpreendeu. "Não me preocupo, não me interesso por estes temas. Pode ser que exista ou pode ser que não exista vida após a morte. Eu simplesmente decidi que este tipo de assunto não é comigo, não me diz respeito. Um dia, vou descobrir o que realmente existe."

Será que vivendo neste planeta perfeito criado por um Ser Superior seja possível para nossas mentes pensantes, nossa inteligência já tão evoluída, simplesmente não se interessar por estes assuntos? Será que todo este mistério que nos envolve, esta busca de conhecimento que tanto nos desafia... será algo que possa ser encostado, como um simples assunto desnecessário e sem importância?

Não cabe a mim nem a ninguém julgar as respostas desta artista. Existem muitas pessoas que também pensam assim, embora este número diminua cada vez mais, neste novo mundo que estamos construindo com interesse, com amor e com toda a fé possível. E com tanta urgência! A humanidade terrestre precisa de todas estas mudanças, do despertar espiritual, desta "cura planetária e pessoal".

Por isto mesmo, o contato com os chamados extraterrestres, nossos irmãos, filhos do mesmo Pai, habitantes de outras dimensões, se torna cada vez mais importante.

Uma grande maioria de pessoas ainda desinteressadas destes assuntos poderão mudar completamente esta postura interior. Isso fatalmente acontecerá quando este contato se realizar, de uma maneira a mais real possível em várias partes do mundo, ou mesmo em todo o nosso planeta.

De todas as formas, sejam quais forem as consequências sociais/comportamentais/pessoais deste "contato", a tendência é que tudo caminhe finalmente para uma grande transformação. Transformação da consciência, transformação do interesse pessoal por estes temas e, especialmente, pelo desenvolvimento espiritual. Assim, vamos nos interessar e começar a praticar a caridade, o Amor Incondicional e entender a nossa responsabilidade diante da perfeição da Criação e das Leis Cósmicas.

Voltando ao livro *Projeto Contato II*, leia este texto com atenção. Prepare-se para esta sintonia, ela certamente já está acontecendo com você, neste momento em que tem este meu livro nas suas mãos.

"Eles precisam de nós, como nós precisamos deles. Cada um tem a sua parcela neste processo. E as duas espécies podem se beneficiar. De qualquer forma, se observarmos o que Jung escreveu sobre o assunto, perceberemos que o nosso maior desafio será superar o medo para elevarmos nossas frequências e estado de consciência. Já estamos sendo psicologicamente preparados há 100 anos e pelo menos há 50 anos estamos experimentando os efeitos dos contatos iniciais. É um processo lento que acompanha o nosso ritmo e respeita as nossas dificuldades e limites psicológicos e emocionais. O processo é claro: transmutar o egoísmo em amor. A verdadeira força que integra o ser e tudo no universo. Não é uma questão mística. Ser bom, amar e perdoar antes de tudo é uma atitude inteligente. Desapegar-se do egoísmo promove a harmonia interior que tanto almejamos."

Há de chegar o momento em que a realidade cósmica e interdimensional falará mais alto do que o medo, os preconceitos e todos os tipos de vaidades daqueles que "não conseguem acreditar profundamente nesta possível sintonia, porque a crença não permite, a religião não admite e enfim, não é mesmo possível que seja assim!". É mais ou menos isso que estas pessoas justificam para uma não aceitação radical desta tão próxima e tão concreta sintonia que podemos conquistar com nossos irmãos de outras dimensões.

Este é o momento do mundo, do nosso planeta, em que precisamos muito mais do que apenas acreditar. Precisamos nos preparar para este contato, para que ele aconteça na nossa vida pessoal e possa trazer benefícios de vários níveis. Trabalhos de cura podem ser mais eficientes, a Medicina Quântica será empregada com todas as facilidades possíveis, doenças serão mais bem compreendidas e sempre que possível curadas. Doenças agudas e crônicas físicas-psíquicas-emocionais-espirituais que tanto nos afligem serão curadas em tratamentos holísticos, em vários níveis de manifestação e "atendimento espiritual", superando a descrença e o radicalismo de cientistas, médicos e terapeutas materialistas.

Não pense que estas proposições são utópicas. A orientação de Margarete Áquila deve ser respeitada, e, se possível, procure se informar sobre este assunto, livros, palestras e cursos existem muitos na área de Ufologia. O primeiro passo para ter uma opinião realista e desenvolver com profundidade o interesse inicial é desenvolver estas opções, e isso já está acontecendo de modo crescente em várias partes deste nosso planeta.

Doenças psíquicas-emocionais-espirituais: a influência espiritual e suas consequências

Naquele sábado, mais uma vez eu me preparo para ir ao trabalho espiritual de "desobsessão" na Casa do Consolador. Naquela época eles estavam numa rua um pouco escondida da Vila Mariana, em São Paulo. O nome deste trabalho espiritual é este mesmo, pode parecer estranho, eu sei. O local para esta reunião é bem grande, está lotado, como sempre, e não encontro sequer um lugar para sentar. Um grande número de pessoas tem nas mãos a foto da pessoa que precisa ser ajudada. Eu também tenho nas mãos a foto do meu filho.

Estes "casos de obsessão espiritual" acontecem para milhares de pessoas, inclusive crianças e adolescentes. As famílias sofrem para tentar ajudar. A busca para a cura é quase sempre dirigida aos médicos psiquiatras, remédios, internações e psicólogos. O tratamento espiritual nem sempre é procurado, e o problema maior, "a mediunidade" destas pessoas sem o controle e o desenvolvimento adequado, ainda é algo envolvido em preconceitos e crenças de todos os tipos.

A Medicina tradicional e uma grande maioria de pessoas sequer aceitam a influência da "mediunidade não desenvolvida" nos processos doentios da mente. Aos poucos isso começa a mudar, inclusive entre médicos e terapeutas mais voltados para as causas holísticas (espirituais) destas doenças que tanto nos afligem.

Voltando ao trabalho espiritual na Casa do Consolador... A maioria dos participantes são pessoas simples. O tratamento é gratuito e aqueles que o procuram acreditam no tratamento e cura espiritual, e no retorno da saúde e do equilíbrio psíquico-emocional para os doentes. Mas também estão lá homens e mulheres muito bem-vestidos, sem luxo, mas aparentando uma ótima condição econômica social/cultural. Muitos, talvez, não acreditem completamente, duvidam mesmo, dos resultados concretos deste trabalho. Mas ainda assim estão lá, durante um período determinado pelos diretores da casa. O número de participantes é muito grande e aumenta a cada trabalho.

Também não confiam neste tipo de auxílio e cura espiritual os familiares ou amigos que não estão lá, mas que precisam deste auxílio, às vezes de uma maneira urgente. São casos e mais casos em vários níveis de transtornos psíquicos/mentais/espirituais. Por isso, tantas pessoas com uma foto nas mãos. Mas existem pessoas que confiam plenamente e buscam este caminho para elas mesmas, quase sempre cansadas, completamente desanimadas de outras terapias, remédios e internações.

Infelizmente, este tipo de problema comum nos dias atuais ainda é um autêntico tormento, um túnel muito escuro, onde ainda não enxergamos a luz. Ela existe, isso é o mais importante. Mas, nesta fase tão fértil de uma humanidade que pouco a pouco se prepara para uma grande e urgente transformação, o túnel ainda está escuro. A luz está lá, aos poucos vamos chegando mais perto. A própria Medicina Psiquiátrica tem profissionais identificados também com os caminhos e com o conhecimento das terapias e tratamentos holísticos para a cura destas doenças. É bom ressaltar que o tratamento espiritual pode, e deve, se desenvolver ao lado dos cuidados psiquiátricos e psicológicos.

Quase sempre a experiência, a vivência pessoal do problema, é o grande impulso para a busca destes caminhos. Esta experiência às vezes não é com você, mas com alguém da sua família, alguém que você ama muito e quer ajudar. É possível, sim, conseguir isso, mas tudo fica muito mais difícil quando o próprio doente, aquela pessoa que está sofrendo uma "obsessão espiritual", não acredita, não confia, não tem fé. Quando o caminho a ser procurado é o chamado "tratamento a distância" e, para substituir a pessoa doente, existe apenas uma foto dela nas mãos do familiar ou de um amigo interessado na cura.

Enquanto você está lá, sentado confortavelmente ou até mesmo num degrau da escada onde conseguiu se acomodar, está também se preparando para entrar em sintonia com mestres e mentores espirituais. Ela vai acontecer assim que um grupo de médiuns "incorporar", de maneira consciente ou inconsciente, seus guias e seus mentores espirituais.

Neste específico trabalho espiritual, fico sabendo que estes mentores são "frades", pertencem a uma antiga escola espiritual, talvez tenham morado num convento há alguns séculos, algo assim. Não tenho todas as informações, mas acredito, e tenho tido sempre as mais concretas comprovações, que este tipo de auxílio realmente acontece, os doentes melhoram e **a influência espiritual nefasta** vai acabando aos poucos. A lucidez retorna, e aquela pessoa, aquele médium "vítima da obsessão", consegue aos poucos recuperar a identidade, a paz, enfim, consegue ter melhores condições para viver e para evoluir nesta existência.

Depois de uma palestra sobre tema espiritualista, começa o "passe coletivo". Apenas com a foto do "seu doente" nas mãos. E também com toda a luz e poder da sua fé, da sua confiança e do seu amor, as curas através da "vibração" para aqueles que estão presentes, ou para aqueles que não estão, podem realmente acontecer, ou mesmo uma grande melhora.

Frequentando este trabalho, em sábados alternados, durante três meses, percebo as mudanças no comportamento de meu filho. Ele se torna mais sociável, conversa mais com os familiares, não fica tanto tempo na sua cama, no seu quarto. Percebo isso e tenho certeza de que ele vai continuar a melhorar. Quem sabe um dia vai até mesmo me acompanhar neste tratamento espiritual, que para ele é tão importante.

Sinto no coração uma grande tristeza, pensando: por que as pessoas, todas elas ou quase todas, não procuram o tratamento espiritual? Ao lado dos remédios e terapias de vários níveis, o auxílio espiritual é muito importante para tantos casos de obsessões espirituais.

Quantas internações, remédios fortíssimos, surtos psíquico-emocionais mais leves ou mais violentos poderiam ser evitados ou amenizados? Pense nisso, com todo o amor de sua alma, e com a compreensão espiritual que certamente já possuímos. Procure conhecer melhor o assunto, antes de formar uma opinião a respeito. Existem ótimos livros que podem ajudar bastante neste sentido.

Vivemos ainda (e até quando?) numa poca difícil, angustiante, dramática!

Talvez você não concorde plenamente com isto. Talvez neste exato momento em que escrevo você e muitos outros estejam se sentindo maravilhosamente felizes, realizados. Os motivos são vários: você tem dinheiro (muito), você encontrou finalmente o seu grande amor, você tem uma paz profunda que a tudo resiste e tudo consegue enfrentar! Este último motivo para se sentir feliz, se ele for real, e não uma ilusão, uma fuga (uma autoenganação contínua), me parece então o mais adequado, ou seja, acredito piamente que esta pessoa que conquistou a paz profunda de tal maneira, verdadeira e indestrutível, pode realmente se considerar feliz, tranquila, serena e provavelmente conquistou também uma considerável sabedoria e autoestima.

A conquista da sabedoria e de uma autêntica confiança na Vida, em si mesmo e nos caminhos que estão sendo percorridos é algo extremamente difícil. Se você conseguiu, continue assim nesta sua vida atual. Certamente o mundo precisa com urgência de pessoas com esta paisagem interior, com esta paz, este tão importante equilíbrio emocional.

O mundo atual, no entanto, traz todas as dificuldades possíveis para que possamos conquistar tudo isso. Eu mesma me surpreendo com tantas maneiras que encontramos para fugir da verdade, destas tristezas e tragédias que nos cercam dia após dia. Fugir de tudo isso parece ser algo fácil, bem ao alcance de todos, basta escolher que tipo de fuga é a melhor para você, para amenizar seus problemas, acalmar seu coração, continuar iludindo sua alma, continuar camuflando sua verdade interior. Ou a sua "insatisfação interior".

Ao escrever sobre isso neste exato momento, não estarei também, através da escrita e inspiração, fugindo de problemas reais, que não consigo enfrentar? Outras fugas existem, procuro respeitar todas, inclusive as minhas, se existirem.

Procuro entender e respeitar aquela pessoa que encontrou o "amor de sua vida" e naturalmente vai fechando os olhos para tudo ao seu redor que possa trazer inquietação, angústia, sofrimento. Provavelmente ela tem certeza de que viverá sempre assim, nesta incrível felicidade de ter um companheiro(a) finalmente ao seu lado, passo a passo, acompanhando nos caminhos tão difíceis e conflitivos que aparecem, que não deixam nunca de aparecer.

Será mesmo assim tão garantida e tão prolongada (eterna?) a felicidade encontrada no parceiro(a) ideal? Ele(a) existe de fato? Todo este amor, esta paixão, esta sintonia com o "outro" vão sobreviver? Não existe ilusão nenhuma nisso tudo? Fuga, mentira tão bem contada que realmente você acredita e seu parceiro também? Ou não é nada disso. Vocês dois realmente encontraram a felicidade, e nada poderá modificar esta situação. Pode ser, pode ser mesmo que seja assim.

Existem muitas outras maneiras de fugir, de se iludir. Ter dinheiro, consumir, viajar sempre e no meio de alegrias, prazeres e luxos, e assim vai... Todos nós conhecemos bem estas fontes de prazer da vida moderna. E também as "fontes de prazer e bem-estar" nas fugas que empreendemos, prisioneiros, sem saber, de nossas ilusões, fantasias e desequilíbrios emocionais.

Afinal, estou escrevendo sobre uma "nova humanidade"! Não posso mentir nem me enganar. No próximo capítulo vou tentar organizar aqui alguns caminhos mais autênticos para "ser feliz". Se isso acontecer, que saibamos viver da melhor maneira possível estes bons momentos. No entanto, sem acreditar que serão eternos. Ainda estamos neste planeta que os espíritos chamam tão bem de "expiação, quase regeneração". Importante entender isso e perceber o quanto estamos de fato em busca desta regeneração, em todos os sentidos.

Mas também o quanto ainda precisamos aprender, evoluir de fato espiritualmente, em vários níveis. Este aprendizado tão necessário para toda a humanidade não consegue se concretizar sem o sofrimento, dores e doenças que nos atingem muito e quase sempre trazem as chances de mudanças e transformações.

Que a conquista da felicidade possa ser real, ainda que vez por outra abalada por problemas difíceis e dramas da nossa vida pessoal. Abalada também, e profundamente, por tantos dramas e tragédias que acontecem todos os dias neste planeta em que ainda estamos, nesta fase de transição que enfrentamos. Precisamos encontrar na força interior, no potencial espiritual desenvolvido e atuante, os mais fortes pilares que nos sustentem nesta existência. Que nos ajudem nos momentos difíceis, nas crises existenciais e nos desequilíbrios emocionais.

E os refugiados, fugitivos das guerras, que caminhos existem para eles?

Antes de colocar aqui algumas atitudes, transformações importantes e possíveis que possam nos levar à conquista de uma felicidade real e duradoura, preciso falar sobre esse tema. É um drama profundo e complexo do mundo moderno que me toca profundamente, que dói mesmo no fundo do meu coração, especialmente ao ver crianças abandonadas, vagando por terras "prometidas", algumas com uma lágrima incontrolável escorrendo pelo rosto.

A capacidade de amar, desenvolver a bondade e a compaixão é cada vez mais importante para todos nós nesta fase difícil, doentia e tão sofrida do planeta. Será que você tem mesmo compaixão por estes irmãos refugiados que buscam abrigo em outros países?

Como deveriam ser acolhidos? Será que estes países mais ricos, com boa qualidade de vida, não poderiam abrigá-los? Existem pessoas, líderes políticos, que afirmam e atuam como "mais racionais", que analisam toda a situação e às vezes enviam estas pessoas de volta para de onde vieram. De volta para as guerras, a fome, o medo, o terror!

Que tipo de análise racional, sociopolítica, pode nos dar a resposta ideal a toda esta situação? E o que pensamos, o que sentimos? O que sentimos ao assistir a policiais e autoridades de todos os níveis, preparados e armados, que pretendem enviar estes "irmãos" de volta para seus países, de onde fugiram desesperados?

A criança refugiada que vi hoje, numa tentativa de fuga em barcos pesqueiros pelo Mediterrâneo, foi uma breve imagem. Dos seus olhos, eu vi apenas uma única lágrima; dos meus olhos, muitas lágrimas vieram...

Acompanhe de perto esta situação. É o mínimo que podemos fazer. Descubra os Médicos sem Fronteiras e também outros movimentos de colaboração e auxílio. Por exemplo, "Você pode mudar uma vida". É o nome de outro movimento. Eu tenho certeza de que todos nós, de alguma forma, podemos ajudar nesta humanidade que tanto quer e precisa da Grande Transformação, um novo mundo, um planeta de amor, bondade e paz. Como estamos nos preparando para isso?

O poder da oração é real. Vou escrever sobre este poder aqui para vocês. É minha sincera colaboração para todos estes que sofrem, para que possamos ajudar. E também aquela criança que conseguiu chorar uma única lágrima completamente desanimada, faminta, sem sonhos, sem esperanças. Sentindo-se totalmente sozinha e abandonada, sem nada entender. Sentindo-se até mesmo culpada por tudo aquilo. As crianças quase sempre se sentem culpadas quando vivem situações que não entendem.

O que precisa acontecer para que países mais desenvolvidos, mais ricos e mais preparados possam receber, de uma maneira digna e fraterna, estes "nossos irmãos"? O que precisa acontecer para despertar no coração destes líderes o amor incondicional, a compaixão que rompe a barreira da racionalidade e do conforto pessoal.

Esta enorme população de refugiados prossegue em busca de uma solução, abrigo, casa, comida, emprego, educação. Estas cenas que nunca terminam e se renovam de várias formas e em muitas situações no mundo atual demonstram o estágio ainda tão precário da nossa humanidade. Mas, ao mesmo tempo, fico sempre sabendo de algumas, ou muitas, reações mais humanas e altruístas. Acontecem no mundo inteiro, muitas vezes são pessoas mais jovens, repletas de entusiasmo e amor, querendo ajudar, de qualquer forma.

Se tudo isso toca de perto o seu coração, sua alma já tão nobre e evoluída, faça algo, por favor. Encontre um caminho para pedir, para enviar as mais curativas e harmoniosas energias para estes "povos mais ricos", para que descubram a importância do amor, para que desenvolvam a sensibilidade da alma aos problemas de outras pessoas, centenas, milhares ou milhões.

Acredito que nossas preces podem e conseguem ajudar. O que não podemos permitir que aconteça é colocar uma verdadeira "blindagem" na alma e no coração. E desta forma nada disso consegue nos tocar, não nos sensibiliza, às vezes até mesmo desligamos a TV para não ver ou mudamos rapidamente a página do jornal. Somos todos irmãos, filhos do mesmo Pai. Um dia conseguiremos aprender de fato a nos colocar "no lugar do outro" e sentir na própria pele, na vibração do coração, o sofrimento que ele está sentindo.

Precisamos aprender a viver o "amor incondicional", a bondade e a compaixão, como nos ensinam e nos orientam os Mestres Ascensos. Não existe outro caminho para a cura da humanidade e, o que é mais importante, para nossa própria cura.

"Ó Balsamo de Gileade, ó amor de Deus, imortal amor. Envolve todos no teu raio; envia compaixão do alto, para todos hoje elevar! Na plenitude do teu poder, derrama teus gloriosos raios, sobre a Terra e tudo o que nela existe. Onde a vida parece estar em trevas! Que a luz de Deus fulgure." (*Como contatar os Anjos* – Trecho de uma oração para os Anjos do Amor, Arcanjo Chamuel, Arqueia Caridade, canalização de Elizabeth C. Prophet)

3. Conquistas urgentes: a paz interior, o amor maior, a cura pessoal e de todos

O poder curativo da oração
Mestres, Arcanjos e Anjos
A sintonia precisa ser "diária e autêntica"

"O poder curativo da oração" foi um curso extremamente útil que fiz com um grande amigo, professor e líder espiritualista, Omar Jaled Mustafá, instrutor do Silva Mind Control, uma escola científico-filosófica de desenvolvimento pessoal. Eu coloquei este aprendizado bastante resumido em um trecho do *Livro da Alma*, de minha autoria, editora Aquariana, publicado no ano de 2002, em São Paulo. Vou colocá-lo aqui com a certeza de que poderá ser útil. Tantos anos já se passaram, mas "aprender a rezar" ainda é uma necessidade urgente de toda esta humanidade, com seus problemas, conflitos e dramas.

No curso foram elaborados os principais efeitos da prece no coração, no espírito, na mente e na vida daquela pessoa que a faz. São estes efeitos, estes resultados tão úteis e necessários, que organizo em tópicos principais:

* A oração tem um poder magnético, envolvente e atuante que consegue transformar etapas da vida pessoal. Pode curar, iluminar, tranquilizar.

* Preces, mantras, rituais e meditação são comprovadamente úteis para manter a saúde e fortalecer o sistema imunológico. Está comprovado cientificamente que orar pode amenizar e até mesmo eliminar o estresse. Além disso, a esperança, a vitalidade e a autoconfiança aumentam com a prática da oração.

* A oração afasta de nós o maior perigo que pode ameaçar a nossa verdadeira evolução: esquecermos quem somos nós, esquecermos a nossa essência divina. Para reencontrar a nossa origem, a oração é um caminho seguro, uma busca consciente de comunicação (de sintonia) com o absoluto.

* Preces e rituais podem trazer soluções, caminhos inesperados para entender e resolver problemas, além de abrir as portas da percepção psíquica e sensitiva.

* O poder curativo da oração é o poder de atrair a nossa verdade interior. Se existe a humildade necessária, um autêntico e prolongado processo de autoconhecimento pode se desenvolver através da oração. "Falar com Deus", pedir, implorar para os Mestres e Anjos são atitudes e sentimentos que podem nos curar. É uma energia renovada de confiança e fé que toca profundamente o coração e chega mais perto das intuições e visões da alma.

Esses tópicos aqui apresentados trazem uma compreensão prática e mística sobre o poder curativo da oração. Precisamos acreditar que tudo isso funciona de fato. Esta crença, o poder da fé e da confiança nos efeitos da prece, não podemos colocar de forma alguma na alma ou no coração de ninguém. É uma conquista pessoal, cada um de nós a realizará no momento ideal. Muitas pessoas já sabem disso e encontram uma grande paz nas suas orações. Elas rezam muito também para que os problemas de outras pessoas e os dramas da humanidade possam ser amenizados ou mesmo resolvidos.

Mais cedo ou mais tarde, uma grande parte de pessoas "despertas" desta nova humanidade vai aumentar muito, aumentando, assim, o número de pessoas que acreditam, que buscam a sintonia com a Luz Divina e querem atrair para suas próprias vidas e para outras vidas aqui na Terra a abundância, a cura, a paz profunda e o verdadeiro amor. Tenho certeza de que isso continuará a acontecer e se estenderá para toda a humanidade, até mesmo para aqueles ainda envolvidos em ódios e crueldades de todos os níveis, doentes tão graves da mente e do espírito. Para estes, "o despertar" vai trazer sofrimentos e provações, especialmente no momento em que deixarem a Terra, onde viveram uma existência repleta de erros, ignorância, atos ou decisões destrutivas e cruéis.

O caminho é longo, por isso mesmo estamos aqui neste exato momento. Estamos nos preparando e ajudando a construir este caminho. Quando ele se concretizar, quando finalmente todos nós formos envolvidos (nos deixarmos envolver), uma nova energia envolverá o planeta. A sintonia com o Poder Divino de nosso Pai Criador e suas legiões de Mestres, Arcanjos, Anjos, Seres Evoluídos e Misericordiosos de Dimensões Superiores será uma realidade cotidiana e acontecerá naturalmente na vida de milhões de pessoas.

Veja em seguida um texto inspirado por meus mentores. Acredito que poderá lhe trazer mais coragem e a certeza maior de que podemos ser vitoriosos em nossas lutas, e também nos nossos sonhos, ainda que às vezes isso nos pareça tão difícil ou até mesmo impossível.

Descobrindo o caminho

Em cada crise pessoal, familiar ou financeira que enfrentamos, aumentam as chances de um novo aprendizado, ou de finalmente conseguirmos desenvolver a mais necessária e fundamental "lição de vida", aprimorando nosso mundo interior, os sentimentos e as emoções.

A atitude interior de confiança e autoestima precisa sempre existir. De repente, entre altos e baixos psíquico-emocionais, você descobre um novo caminho. Lembrando aqui uma frase marcante e verdadeira, em um livro sobre Sua Santidade, o Dalai Lama, mestre espiritual dos tibetanos: "**É melhor sofrer no caminho escolhido do que ser feliz em caminho nenhum**".

Nestas fases difíceis, em que o "caminho maior" pode se tornar o mais verdadeiro, novos e férteis potenciais vão surgir. É possível descobrir e desenvolver novos talentos e uma poderosa capacidade de reagir e enfrentar que sequer julgávamos possuir. O poder interior, a capacidade de manter sempre a esperança e o otimismo (sem confundir com fantasias e ilusões), adquire sua força maior, que você nem imaginava existir. Pensamentos positivos, emoções saudáveis e construtivas devem conviver ao lado de um persistente entusiasmo, em cada despertar, preparando-se para viver com coragem e fé um novo dia, em que de repente tudo pode mudar, e para melhor.

Crises, dificuldades, tristezas e preocupações vão e vêm. A verdade fica sempre, assim como a evolução espiritual que já está acontecendo, no mundo interior, com reflexos no exterior. Quando percebemos que esta evolução está de fato acontecendo, a alegria é autêntica, e a gratidão também.

Lembre-se, por exemplo, daquele período que enfrentamos no Brasil, especialmente em alguns estados, no início do ano de 2015, em que uma seca terrível ameaçava a saúde e o bem-estar de todos nós. De repente, as chuvas voltaram. Ainda que tantos desequilíbrios ecológicos e humanos possam causar tantos transtornos, a sensação de alívio e limpeza voltou. As represas receberam a água necessária. A própria Natureza se encarregou de consertar, em tempo hábil (felizmente), a catástrofe que se aproximava.

Assim poderá acontecer com cada um de nós, nos períodos de seca que enfrentamos. Eles podem surgir em vários níveis da vida pessoal, econômica, sentimental. Mais cedo ou mais tarde, "a chuva voltará".

Neste novo dia, de céu azul e sol radiante, com a terra ainda molhada pela chuva da noite anterior, nos lembraremos das dificuldades, dos medos e das tristezas como num filme antigo, que finalmente chegou ao fim. Tudo, quase sempre, depende exclusivamente de nós. Depende da sua escolha pessoal de como viver esta fase mais difícil e angustiante, e do aprendizado vitorioso que vai colher, quando tudo melhorar ou, até mesmo, quando a situação ficar completamente "curada". Isso vai acontecer, inclusive no Brasil, pode ter certeza. E em todo o nosso planeta.

Faça sua escolha pessoal e construa a paisagem interior, baseada nesta opção pelo equilíbrio emocional, a esperança e a paz.

Para finalizar este texto sobre a importância em descobrir e percorrer os rumos da sua existência atual e passo a passo iluminar sua alma com aquilo que ela pede, veja estes ensinamentos do grande mentor espiritual Kryon. Encontrei estes ensinamentos no livro de Lee Carol (editora Madras), *A Jornada para Casa*. O autor canaliza este mentor aqui citado.

"A verdade permanece a verdade, e há pedaços e parte disso por todos os sistemas espirituais. Vocês são todos muito honrados por buscar a verdade de Deus. Amor, milagres e a mecânica do modo como as coisas funcionam são representados em algum lugar, em seus lugares de adoração. Os espíritos honram esta busca, mesmo que todos os fatos não sejam conhecidos. A honra está na busca, não naquilo que você obtém rapidamente."

Mestres, Arcanjos e Anjos, o infinito poder e a misericórdia de um Pronto-Socorro Espiritual

Como estudante da Ordem Rosacruz (AMORC), continuo estudando e buscando sempre a sintonia com a Grande Fraternidade Branca. Os Mestres Ascensos, Arcanjos e Anjos fazem parte dela, embora em algumas escolas esotéricas possam receber outros nomes, inclusive algumas modificações no trabalho, no "dia da semana especial para a cura e auxílio" de cada um destes irmãos mais evoluídos. Estas diferenças não alteram o principal.

Sobre estes mestres tão especiais que escrevo em seguida, é importante explicar que eles não fazem parte dos ensinamentos e exercícios (rituais, experimentos) da AMORC.

Eu me refiro aqui aos Mestres dos 7 Raios, também dos 12 e 24 Raios de Cura. Existem algumas diferenças, conforme a escola esotérica ou espiritualista, entre os dias da semana em que cada um destes raios atua com mais intensidade. Esta diferença nos dias específicos não altera em nada o trabalho maravilhoso que estes mestres vêm desenvolvendo na Terra. Eles nos ajudam de todas as formas possíveis a enfrentar e superar esta nossa difícil fase de transição.

O mais importante é tentar viver no dia a dia em sintonia com estes seres divinos, com esta energia de amor, compreensão e harmonia interior. Viver assim é difícil, eu sei disso, é uma conquista diária. Para isso, você pode e deve pedir auxílio aos Mestres, aos Arcanjos e aos Anjos. Como nos ensina a Ordem Rosacruz (escola iniciática, mística filosófica e científica), desenvolver cada vez mais a luz, a harmonia e a sabedoria do seu "eu divino", seu "mestre interior".

Você precisa acreditar no auxílio destes seres divinos, muito mais evoluídos do que nós, e humildemente se render a ele, com a plena confiança de que será atendido, seus problemas serão solucionados no tempo certo e da melhor maneira possível. Estes nossos irmãos nos ouvem, nos compreendem e procuram ajudar, sem criticar, sem julgar.

O mais importante é acreditar no auxílio, seja de um Mestre Espiritual ou mesmo de um "santo protetor" que você sente muito próximo, ou seu anjo da guarda, ou os "mentores" (a egrégora espiritual) do centro espírita, ou da instituição espiritualista que você frequenta. É importante que exista uma identificação da sua alma e do seu coração com o tipo de auxílio que está pedindo. E também para quem você está pedindo. Talvez você se sinta melhor pedindo exclusivamente para Deus, confiando plenamente na Luz e na misericórdia do Criador. No entanto, acredito que precisamos ter "intermediários" entre este SER Supremo e cada um de nós, com nossos problemas, desequilíbrios e dificuldades ainda tão humanas e frágeis.

Esta identificação com o ser superior que vai auxiliá-lo traz a confiança, a necessária sintonia. A partir dela suas orações trarão os efeitos desejados, sempre que você usar estes recursos de sua alma reencarnada na Terra. Suas orações precisam acontecer num campo vibratório em harmonia com a sua vibração, sua crença, não importa que estas crenças sejam apoiadas ou não nesta ou naquela religião. Ou nas orientações (não religiosas) de uma escola iniciática, como a Ordem Rosacruz. Estas são orientações filosóficas/científicas/espirituais apoiadas nas leis e princípios metafísicos que se expressam nas nossas vidas aqui na Terra. Com o conhecimento teórico e prático destas leis cósmicas, as orações acompanhadas de visualizações podem ter efeitos construtivos, de acordo com a Vontade de Deus.

Vamos colocar aqui (eu escrevo no plural, porque vou utilizar o conhecimento de seres espirituais e interdimensionais) uma série de informações e orientações encontradas no livro do grande médium-vidente, escritor e líder espiritualista, conhecido como Trigueirinho. Num de seus livros, *ERKS – Mundo interno*, é possível entender melhor o nível de evolução, a capacidade e o desejo de amar e de nos auxiliar destes Mestres Ascensos.

Eles pertencem a uma Hierarquia Espiritual mais ligada aos problemas e dramas do planeta Terra. O nível vibratório desta Hierarquia tem condições de interferir no nível vibratório da Terra, embora esteja num estágio de evolução muito superior em todos os aspectos. Por isso conseguem nos ajudar, evitando sempre interferir nas "lições de vida", no aprendizado específico que viemos desenvolver nesta existência. Veja o que nos ensina este escritor e líder espiritualista, Trigueirinho.

"Seres que estão conosco: consciências de outros esquemas planetários e de diversas galáxias e universos fazem parte dos vários grupos de vidas que cooperam com a evolução não só da Terra mas também dos demais mundos que existem em diferentes dimensões.

No que diz respeito à Terra, sabe-se que três grandes grupos de vidas trabalham em sincronia para sua evolução. O primeiro deles é composto de seres da humanidade terrestre que se tornaram mais conscientes que seus semelhantes. Formam uma Hierarquia – não de poder, como as hierarquias humanas comuns, mas de valores, ou melhor, de vibração.

A hierarquia Espiritual terrestre foi implantada há muitos milhões de anos. No princípio foi composta de seres de outros esquemas planetários, pois não havia ainda na Terra quem dela pudesse participar. Porém, lenta e gradualmente, alguns homens foram se libertando da estrutura densa e psíquica terrestre e puderam assumir postos na cooperação com o Plano Evolutivo Geral. Hoje, a Hierarquia terrestre é quase toda composta de seres que evoluíram aqui mediante treinamento de desapego, da ampliação da consciência e do serviço altruísta." (do livro *ERKS – Mundo interno*)

Peço uma atenção especial para as frases finais que estão em itálico. É uma Hierarquia composta de um grande número de Mestres Ascensos, Arcanjos, Anjos e mentores espirituais de vários níveis e atribuições. Eles atuam no nosso planeta, muito próximos de nós, sempre tentando nos auxiliar, em todos os níveis de nossas vidas na Terra.

Vamos entender e nos aproximar cada vez mais desta Luz, deste amor e sabedoria. Em sintonia com a vibração destes Mestres, vamos conseguir a Grande Transformação da humanidade terrestre. É um trabalho difícil, repleto de altos e baixos. Não podemos desistir!

Como viver em harmonia psíquica-emocional-espiritual com estas equipes de irmãos mais evoluídos e misericordiosos

Acredito não ser necessário orientá-los para esta sintonia, rituais, decretos e preces. Existem livros e cursos muito especiais, completos e fundamentais que ensinam e orientam. Eu mesma já fiz isso em outros livros meus. Desenvolvi e ainda desenvolvo cursos e palestras sobre o tema: "Raios de Cura" ou ainda "Como viver em sintonia com os Mestres Ascensos, Arcanjos e Anjos", e outros temas relacionados a este nosso importante aprendizado, teórico e prático, nesta vida e em muitas outras.

Acredito que é muito importante aconselhar aqui alguns livros que realmente podem ajudar e orientar aqueles que querem "trabalhar" com os Mestres Ascensos, dos 12 raios (7 raios básicos, fundamentais, e mais 5 raios chamados de "raios sutis"):

* *O Caminho da Ascensão* e *Os Mestres Ascensionados Iluminam o Caminho*, de Joshua David Stone. Outros livros deste consagrado autor, todos da editora Pensamento, devem ser lidos, compreendidos e, se possível, "praticados".

* *O Caminho para sua Ascensão – Redescobrindo o maior propósito da Vida*, de Annice Booth, editora Abnara.

* *A Alquimia de Saint Germain*, de Mark L. Prophet e Elizabeth Clare Prophet, editora Nova Era. Informe-se sobre outros livros de Elizabeth Clare Prophet, procure por estes livros na instituição espiritualista Summit LightHouse (www.summit.org.br). É importante também encontrar nesta instituição o livro desta autora e líder espiritualista **Senhores dos 7 Raios**, um dos mais importantes sobre os Mestres Ascensos.

* *A Hierarquia dos Arcanjos*, de Waltraud Maria Hulke, editora Pensamento.

* *Espiritualidade Cósmica*, de Alryom, editora Madras. Um livro essencial, simples, completo, trazendo uma nova visão para o desenvolvimento da espiritualidade na Terra, nesta fase em que nos aproximamos cada vez mais dos nossos "irmãos das estrelas".

* *7 Passos para a Felicidade* (FEAL – Fundação Espírita André Luiz), livro do neurocientista Sergio Felipe de Oliveira, que tem em São Paulo um consagrado instituto para tratamento e cura de transtornos psiquiátricos, psicológicos e espirituais. É muito importante ler este livro e conhecer o trabalho e as atividades do Instituto Sergio Felipe de Oliveira.

Livros, cursos, rituais são importantes, mas a grande transformação é sempre interior

Uma das minhas maiores intenções neste livro é realmente ajudar a preparar sua alma e seu coração para esta tão importante busca espiritual, naquele caminho especial que mais lhe servir, aquele que realmente se identifique com seu mundo interior. Coloco aqui, agora, uma lista valiosa, elaborada por um consagrado escritor, grande médium e pioneiro em livros espiritualistas, conforme já mencionei em outra parte deste livro.

Num destes livros, ***ERKS – Mundo interno***, Trigueirinho colocou uma lista de atitudes pessoais emocionais que podem nos ajudar a conquistar a sintonia ideal com os Mestres, Arcanjos e Anjos. São transformações importantes na nossa maneira de viver, de sentir e de agir. Podemos conseguir, ou até já conseguimos algumas delas, outras serão mais difíceis, mas nunca devemos desanimar. São estas talvez as mais importantes transformações na nossa busca de evolução e aprendizado:

"Procurarei mudar de dimensão e, depois, sem forma e sem nome, ser o mensageiro contatado que em divina paz percorre os obscuros ângulos do pensamento, acendendo a luz da paz cunhada nas oficinas do silêncio cósmico."

"Conseguida minha mudança de plano, ajudarei os enfermos a obterem saúde e paz."

"Guiarei meus irmãos e os ajudarei a fortalecerem-se para que encontrem trabalho adequado e possam ser úteis."

"Repartirei com os outros os frutos da devoção cósmica, para que fiquem coligados e se sintam imensamente pacíficos."

"Servirei com espiritualidade e alegria."

"Estais nas fronteiras da Grande Mudança. As tarefas individuais existirão para chegardes ao domínio da sintonia com o Regente ou Monada. Para toda ação de serviço, deveis permanecer recolhidos nas grutas do Amor Divino em vossas almas e, em silêncio, emitir o pensamento invisível de ajuda e de entusiasmo."

São atitudes, reações, um novo mundo pessoal-psíquico-emocional que dificilmente conseguimos conquistar sem sacrifícios, sem sofrimentos, sem vencer os desequilíbrios emocionais que ainda nos envolvem. No entanto, em mais esta nossa vida na Terra precisamos tentar, todos os dias, em todas as fases, difíceis, angustiantes, felizes ou vitoriosas. Em todas as etapas já percorridas e em muitas outras que surgirão. Não podemos, mais uma vez, desistir! Provavelmente em outras vidas fizemos isso!

Em outras vidas, muitas vezes desistimos, por futilidades, por displicência, por rebeldia. A conquista maior, a sintonia autêntica com o "eu divino", a paz profunda e a sabedoria, que traz a compreensão e a cura, foram metas fundamentais, muitas vezes abandonadas. Envolvidos que estávamos com ilusões, conquistas materiais e com a "ignorância espiritual" que ainda nos acompanha e que continua instalada no planeta Terra.

Pense um pouco sobre isso e enfrente agora tudo o que precisa ser feito por você mesmo, neste caminho espiritual finalmente reencontrado. A busca de conhecimento e compreensão das leis divinas e do nosso "eu maior" é quase sempre uma busca solitária. Mas, com ela, vamos nos sentindo fortes e preparados.

Reserve um dia e um horário para suas preces, pedidos e decretos

Uma vez por semana, sem falhar, sempre no mesmo dia e no mesmo horário, coloque uma toalha, de preferência branca, sobre uma mesa, escolha um livro espiritualista, *O Evangelho segundo o Espiritismo* é muito indicado. Aconselho também o livro *Cartas de Cristo* (editora Almenara), que pode ser lido nesta reunião semanal. Este livro é muito profundo, complexo, precisa ser lido e compreendido com tranquilidade, sem preconceitos religiosos.

No seu "Evangelho no Lar", ou com outro livro que você prefira, faça assim: coloque um copo com água potável para cada um dos participantes ou uma jarra com água e os copos para que seja bebida após a reunião. Esta água vai ficar fluidificada com as vibrações de saúde, harmonia e paz desenvolvidas na sua reunião semanal. Coloque nesta mesa o nome das pessoas de sua família, ou amigos, que estejam enfrentando problemas físicos, mentais ou financeiros. Se possível, escreva também o tipo de problema nestes papéis pequenos, com estas informações resumidas sobre cada pessoa. Estes nomes devem ser lidos no momento da sua "vibração para cura a distância".

Os efeitos deste breve mas importante momento são maravilhosos no seu lar, para os seus familiares e para todos aqueles que você colocou e pediu um auxílio especial. Após ler um trecho do livro escolhido, faça suas preces habituais e, em seguida, as vibrações de "cura a distância". Com cuidado e atenção, fale em voz alta o nome de todos que estão nos papéis.

Procure visualizar as pessoas para quem pede saúde, equilíbrio ou prosperidade envolvidas em cores: verde para cura; azul, branco luminoso ou violeta para harmonia, equilíbrio emocional, cura espiritual. E também o dourado para sabedoria e prosperidade. Visualize as pessoas envolvidas em muita luz branca cintilante.

Este tipo de reunião deve ser com os familiares, de preferência. Se isso não for possível, faça sozinho, lendo em voz alta o que escolheu para ler e desenvolvendo o trabalho de cura em voz alta também. Pode ter certeza de que não estará sozinho. Uma equipe de entidades espirituais bondosas, evoluídas e misericordiosas estará com você para auxiliar, harmonizar e iluminar seu lar e todos aqueles para quem você pedir.

Nas piores fases de sua vida, enfrentando problemas pessoais, políticos, econômicos, ecológicos do seu país ou do planeta, estes momentos dedicados a uma oração semanal mais profunda e mais completa, esta reunião espiritual com familiares ou não, é algo realmente fundamental. Você descobrirá isso e não conseguirá deixar que este simples ritual "escape" de sua vida ou que seja desprezado com desculpas e justificativas de todos os tipos.

"Os que têm fé não se abalam com a presente condição do mundo moderno. Compreendem que há leis sagradas a serem introduzidas na vida desta humanidade e que desde já podem ser descobertas. Viver em sintonia com estas leis significa antecipar uma nova etapa planetária, que surgirá após a transformação de tudo o que existe na crosta terrestre." (*O Encontro do Templo*, de Trigueirinho)

Construa **este verdadeiro templo de amor e paz** no seu coração, na sua alma e no seu lar, sempre que possível contando com a compreensão e participação dos familiares. Se isso ainda não aconteceu, acredite que mais cedo ou mais tarde vai acontecer. Assim como o "chamado" aconteceu para você, um dia também se tornará uma realidade para eles. Nesta fase que o planeta está vivendo, de mudanças profundas, no meio de sofrimentos e dores, dificilmente os seus familiares seguirão seus caminhos até o final da existência sem que o "chamado" os surpreenda num trecho especial da caminhada.

"**Sempre que estiver envolvido em problemas, situações difíceis, dores e sofrimentos, volte sempre para o mesmo lugar: vá sempre para si mesmo.**" Esta frase eu ouvi no filme sobre a vida de Yogananda, místico, escritor e líder espiritualista indiano: *Awake, a vida de Yogananda*. Ou seja, não procure por estímulos e ilusões na vida material/mundana/superficial. Entre em contato com seu mundo interior, seu "eu divino", buscando relaxar profundamente e reencontrar a paz, serenidade e confiança diante de tudo que o preocupa e angustia.

"**Quando temos amor no interior, o exterior por si só se transforma.**" Frase da minha querida e saudosa professora de Hatha Yoga, Marie Jeanne, que muito me ajudou com suas aulas e ensinamentos, durante um longo período de minha existência.

4. Enfrentando problemas e dores, sem mágoas, sem desespero, sem mentiras, sem culpas

Estamos aqui com esta finalidade maior: aprender a viver, compreender, harmonizar espírito e matéria, o que também significa aprender a sofrer, descobrindo o aprendizado maior nos trechos difíceis do caminho.

Enfrentar e curar as mágoas, compreender e eliminar as culpas, revoltas e desilusões, e finalmente conquistar de fato o autoconhecimento, recuperar a sabedoria perdida, reencontrando a paz e a alegria interior. São essas as mais antigas metas de todos nós, conscientes ou não sobre a importância destas conquistas. Os caminhos são muitos e certamente você encontrará o seu. O que realmente não lhe trará nunca a paz e a alegria interior é tentar de várias maneiras fugir deste aprendizado, desta busca pessoal para desenvolver a luz maior, a paz profunda e a capacidade de amar do nosso "eu divino".

Na verdade, fugimos o tempo todo de um autêntico autoconhecimento buscando refúgio, consolo e ilusão nas vitórias já conquistadas, nos talentos e facilidades pessoais para viver (e vencer) no mundo fútil e superficial que nos cerca. Tudo isso pode e deve nos trazer a merecida alegria, mas jamais preencherá nossa "fome de verdadeiro amor, conhecimento espiritual e sensação de paz e serenidade interior".

Encontre em todas as crenças e escolas espiritualistas a sua verdade interior! Isso quase sempre significa percorrer vários e diferentes roteiros, participar de escolas espiritualistas e esotéricas, buscar e encontrar conteúdos e significados que às vezes não "combinam com você". Enganos vão acontecer, sempre será possível e necessário aprender com eles. De fato, eles fazem parte da busca e do desejo de entender, aprender, evoluir.

Em algum momento a grande transformação começará a acontecer, e somente você perceberá e terá plena consciência de que ela está finalmente acontecendo. Não se preocupe com opiniões, crenças e verdades de outras pessoas, por mais importantes, espiritualizadas e cultas que elas possam ser ou por maior que seja a sua ligação afetiva com elas.

Sua transformação interior é sempre solitária, mas você poderá se sentir incrivelmente bem nesta fase de descoberta. Com este encontro com **sua verdade**, compreendendo as consequências, todo o potencial "desta verdade" na sua vida, nos seus problemas e "carmas", assim como nas suas conquistas pessoais.

Mais cedo ou mais tarde nossos carmas – problemas, dores e dificuldades mais profundas, de difícil solução– se tornam compreensíveis. E então o aprendizado que precisamos desenvolver nesta vida torna-se claro para nós, enquanto a verdade maior, guardada na alma e no coração, vai se tornando conhecida, em cada etapa da existência. Leia em seguida uma mensagem especial dos Arcturianos, povo intergaláctico, do planeta Arcturus, numa canalização de uma respeitada escritora e médium americana.

Mensagem dos Arcturianos
(nossosarcturianos.blogspot.com)

"**Você é a própria consciência Crística** ou o Cristo, a forma cristalina de pensamento, de sentimento, o ser físico e a experiência que você tem estado constantemente buscando, auxiliado pelos galácticos e as forças angelicais, carregado pela corrente astrológica que é a nova Era de Ouro, em meio a muitos novos e raros alinhamentos astrológicos ainda acontecendo.

Entenda que este não é um acaso de um belo dia, ou uma onda que vai estar aqui por um momento e depois vai desaparecer. Estas energias continuarão a construir e você, (que faz parte...) da população de mostradores de caminho ou trabalhadores da luz, continuará a ancorá-las, pois você se ofereceu para fazer isto antes de vir para a Terra em sua encarnação atual.

Será que a crueldade, a guerra, a fraude, o engano, a violência de todas as formas, os governos corruptos, as estruturas sociais, a fome e a privação vão terminar? Na verdade, isso já começou a perder o seu suporte e está desmoronando em sua base enquanto falamos.

Gostaríamos de dizer que aqueles que escolhem reclamar, exigir mais provas, receber mais certo tipo de provas, não estão verificando com o seu próprio espaço do coração.

Eles estão dependendo de sinais exteriores e anúncios para dizer-lhes que a sua Terra entrou em uma Nova Era sem precedentes, um lugar de vibração mais elevada, uma nova realidade em que nada pode ser escondido.

Vá para o seu interior agora neste momento e pergunte ao seu Eu intuitivo, a voz do seu EU Superior, se o tempo é agora. Pergunte se a Terra está em processo de ser libertada após milênios de opressão e o ouvirá dizer enfaticamente que é verdade. E então diríamos para se levantar e comemorar com alegria. Porque a estrela que os reis magos seguiram há muito tempo não era uma estrela literal, mas uma constelação que representa a Presença Crística, o nascimento do corpo de luz e a ascensão da Terra. Foi por isso que Ele veio com sua amada chama gêmea, Maria Madalena. E seja qual for a sua formação religiosa nesta vida, você seguiu aquela luz em sua essência universal e agora está aqui.

Seres intergalácticos companheiros, damos as boas-vindas a cada passo que vocês dão para frente! Falem conosco sempre que desejarem e façam quaisquer perguntas que vocês quiserem. Os véus entre nós estão se dissolvendo para o bem. E nós estamos com vocês, sempre." (Canalização de ©Caroline Oceana Ryan)

(Arcturianos são seres muito evoluídos do planeta Arcturus. Eles são especializados na cura, especialmente para doenças e desequilíbrios mentais/emocionais dos habitantes da Terra. Atualmente, muitas comunicações deste povo interdimensional têm acontecido no nosso planeta, esteja atento para elas. Acredite, confie! Logo você poderá ver e conhecer muito mais!)

Acompanhamos estas transformações e revelações aos poucos, compreendendo, aprendendo...

Passo a passo a "consciência crística" se desenvolve, com altos e baixos em todos os níveis de nossas vidas na Terra. Em algum momento, a harmonia, as percepções desta consciência acontecerão. A verdade se tornará real para toda a humanidade, trazendo a responsabilidade para a nossa própria encarnação, assim como a responsabilidade por erros, acertos, derrotas e fracassos. Não existirão mais tantas mágoas, sentimentos inquietantes de frustração e medo, angústias, inseguranças diante do futuro, diante da vida.

O mundo interior se tornará um campo iluminado de paz profunda, pensamentos serenos que sempre nos trarão a necessária compreensão, que nos ensinam, confortam, consolam em todos os momentos da existência na Terra.

A meditação é fundamental! Ela precisa se tornar uma prática cotidiana, que cada vez mais nos preenche de paz, amor à vida, amor a todos que nos rodeiam, alegria interior e contagiante gratidão. Conforme a mensagem dos Arcturianos, podemos ter a mais plena certeza de que **"os véus entre nós estão se dissolvendo para o bem. E nós estamos com vocês, sempre"**.

Surge aqui uma pergunta fundamental que ainda nos incomoda bastante: "Como enfrentar, cuidar e curar os nossos problemas emocionais? Como enfrentar o arrependimento, as mágoas, a inquietação diária e às vezes doentia, que não nos deixa sentir a paz verdadeira, tampouco nos ajuda a desenvolver o amor incondicional e autêntico equilíbrio emocional?"

A cura pode estar em suas mãos. O que não significa que um eficiente terapeuta ou uma apropriada orientação espiritual não possam ser procurados. Vamos escrever algo sobre a "cura que está nas suas mãos", neste momento da vida humana aqui no planeta, ela pode realmente acontecer!

Depende de você, entender e aceitar que precisa de ajuda, que tem algo em si mesmo que precisa ser mudado, transformado. Se isso não acontecer, você realmente não consegue viver feliz, tampouco com paz, serenidade na alma e no coração.

Desequilíbrios emocionais continuam a fazer parte do nosso mundo psíquico/emocional. Foi isso que aconteceu durante muito tempo, em outras vidas, inclusive. Ainda não conseguimos evitar, apesar de tantas vidas já vividas e de todo o aprendizado já realizado, atitudes e decisões que nos trazem depois um enorme e profundo arrependimento, conflitos e culpas. Se conseguíssemos viver em sintonia real e constante com a "Vontade de Deus, nosso Pai Criador", assim sendo em sintonia com o seu Amor, sua Justiça e Paz, arrependimentos, mágoas e culpas não existiriam mais. Tampouco medo, insegurança, desânimo e desilusões profundas.

Em um determinado momento de sua vida, numa fase muito feliz ou infeliz, você agiu, você decidiu, você escolheu o caminho que lhe parecia o melhor, com a certeza de estar no mais adequado momento para decidir exatamente aquilo que decidiu. Esta compreensão me parece a ideal para a conquista de algo fundamental: o autoperdão.

Às vezes, isso pode ser mais difícil do que perdoar outras pessoas – perdoar, compreender e aceitar as situações conflitivas de nossa vida atual, que nós mesmos provocamos. Precisamos aprender a "perdoar a si mesmo". Ainda que agora estejamos preparados e conscientes de tal maneira que jamais realizaríamos aqueles projetos, nem tomaríamos jamais o caminho que foi escolhido... Nem sempre foi assim, nem sempre esta conscientização orientou nossas decisões e atitudes.

Conversar com seus mentores espirituais, buscar a compreensão e auxílio dos Mestres e dos Anjos ajuda bastante, funciona como uma autêntica terapia. É importante também a meditação, a prática da Yoga e, principalmente, aprender a viver o momento presente, trabalhando "em si mesmo", dia após dia para conseguir isso, sem mais voltar ao passado, sentindo novamente o sofrimento e os desequilíbrios vividos.

Viva sempre o "agora", em cada detalhe, em cada situação do seu cotidiano. Também vale a pena refletir um pouco sobre os aspectos "carmáticos" que envolvem os seus desequilíbrios emocionais, arrependimentos em todos os níveis, mágoas, carências e frustrações.

Isso não significa voltar ao passado. Mas é importante entender, ter intuições e sensibilidade para entrar em contato psíquico-emocional com problemas e dificuldades pessoais de vidas passadas. Certamente tudo isto já existiu. Em outras existências, outras experiências na matéria aqui na Terra especialmente. E buscar agora, então, a compreensão integral emocional-espiritual de atos, atitudes e decisões que se repetiram, não exatamente iguais, mas muito parecidos.

Em outras existências, talvez as mesmas reações

Será mesmo que fizemos escolhas parecidas em outras existências, aqui na Terra ou em outras dimensões? Será que enfrentamos em doses quase idênticas o mesmo arrependimento? Como tentamos consertar, como superamos essa difícil fase na vida pessoal? Vamos tentar entender...

As tendências, os potenciais para determinadas atitudes psíquicas-emocionais-comportamentais de fato se repetem em muitas e muitas vidas, principalmente se ainda não aconteceu o aprendizado necessário. Você acha, sinceramente, que este aprendizado aconteceu? Se, nesta fase de sua vida, ou em outras, você está enfrentando problemas parecidos, sofre com arrependimentos e mágoas, o aprendizado certamente ainda não aconteceu.

Entender isso é muito importante, aceitar e buscar soluções. Buscar de todas as formas possíveis amenizar a situação, desenvolver o autoperdão, o autoconhecimento, conquistando autoestima e paz interior. De uma forma ou de outra, se as situações se repetem e causam os mesmos problemas subjetivos e objetivos, parece ficar compreensível o quanto temos para aprender nesta vida atual, e quais os melhores caminhos para que isso finalmente possa acontecer.

Isso poderia ser chamado de "carma"? É uma ótima pergunta feita agora, na sua busca de compreensão e principalmente para solucionar o problema "que você mesmo(a) criou". O carma é algo que pode e deve ser substituído pela palavra "aprendizado". Esta é uma troca de palavras nem sempre tão fácil de compreender. O que queremos mudar aqui é a definição de carma como um castigo, uma condenação. Carma é algo que você precisa entender melhor, resolver de uma maneira equilibrada, buscar uma compreensão integral (emocional principalmente).

Decepções e frustrações em todos os níveis existem, surgem em muitas vidas para nos ajudar na importante conquista da **conscientização.** Em seguida, desenvolvemos o aprendizado maior que estamos entendendo e dispostos a realizar. O "projeto da alma" se torna mais claro e uma grande chance de transformação pessoal/existencial se inicia para nós.

Como na grande maioria das situações difíceis da vida atual, a oração pode ajudar e a busca de auxílio espiritual deve fazer parte desta nossa caminhada. Escrevo aqui sobre o **"Conselho do Carma".** Faço isso com muito amor, com a plena certeza de que realmente este Conselho de Mestres Ascensos, nas mais elevadas hierarquias espirituais, pode de fato nos auxiliar.

Conselho do Carma: como e por que buscar este auxílio espiritual

Os problemas mais difíceis, aparentemente "sem solução", que parecem se arrastar por muitos anos, sem que uma luz possa surgir, uma solução, o fim de uma situação que nos angustia, tudo isso pode ser entendido como "carma". Como entendemos anteriormente, somos os responsáveis por esta situação, nós a produzimos com novos fatos, novos personagens, mas com as mesmas tendências psíquico-emocionais, os mesmos impulsos, as mesmas reações.

Portanto, construímos um "carma" e nos tornamos "alunos repetentes", se assim podemos chamar, **que**

precisam mergulhar novamente nos mesmos problemas para encontrar a solução ideal, ou pelo menos os caminhos que nos levarão a ela. Precisamos compreender e meditar sobre isso, numa sintonia com nosso eu divino, com nossos mentores espirituais.

Antes de escrever a sua carta ao Conselho do Carma, a conscientização sobre seus problemas "cármicos", dificuldades pessoais ou familiares mais graves, é muito importante. Depois de um momento especial de meditação e relaxamento voltados para estas questões, você vai escrever sua carta ao Conselho do Carma, com confiança e fé, com a mais plena certeza de que será atendido, sua carta será lida, seus problemas e aflições serão compreendidos. Os Mestres Ascensos receberão sua carta.

Não há o que perdoar, no sentido de uma crítica, uma "reprovação". Isso não existe nas mais altas esferas cósmicas, na energia plena do Amor Incondicional. Há, sim, o que compreender e ajudar, de acordo com a Vontade de Deus.

Veja a seguir as mais detalhadas instruções para pedir um auxílio muito especial ao Conselho do Carma. Siga seu coração e faça este ritual da maneira que lhe parecer ideal, respeitando as orientações fundamentais.

Uma, duas ou mais vezes por ano, você pode se dirigir a este Conselho

Nos dias 31 de dezembro, 31 de março, 30 de junho e 30 de setembro, você pode fazer um bonito e iluminado ritual para o "Conselho do Carma", que se reúne sempre nestas datas a cada três meses, todos os anos. A misericordiosa

Hierarquia Cósmica se reúne no Templo de Luz e Sabedoria, onde estão os registros de nossas vidas passadas. Você pode também escrever a carta com os seus pedidos e o ritual completo (se quiser) em outras épocas do ano, quando estiver sentindo que realmente necessita deste auxílio.

Neste Conselho estão os Mestres Ascensos: Jesus Cristo, Mãe Maria, Kuan Yin, Kutumi, Mestra Nada, Mestra Porcia e outros sob a direção do Mestre Sanat Kumara, responsável pelo Conselho e suas atribuições, ao lado dos Arcanjos e Anjos de Chama Violeta (Arcanjo Zadquiel e Santa Ametista). Faça isto, por exemplo, no dia 31 de dezembro, quando em várias regiões do planeta estará acontecendo este ritual. Milhares de pessoas fazem seus pedidos, escrevem suas cartas. Faça em qualquer horário, desde que seja antes das 22 horas. Você pode reler a carta em 30 de junho ou nas outras datas e comprovar o que já foi resolvido. Se quiser, pode repetir o ritual.

Escreva uma carta a este Amado Conselho, escrevendo no início: "Em nome de Deus e de Acordo com a Vontade de Deus, venho humildemente pedir a este Amado Conselho..."

Na sua carta, coloque os problemas mais sérios, mais difíceis e persistentes, escreva **como gostaria que eles fossem resolvidos**. Pode e deve colocar também problemas graves de outras pessoas, familiares ou não. Peça a solução para doenças, do corpo, da alma, das emoções etc.; problemas financeiros, sentimentais etc. Peça auxílio, luz e cura para a Terra, para a sua cidade, para o nosso país.

Depois disso, coloque na carta o que vai oferecer em troca, você vai mesmo receber estas bênçãos. Ofereça algo como retribuição: uma reforma íntima importante, mudança de atitude, deixar de fumar, por exemplo, praticar a caridade, controlar a agressividade, controlar aspectos muito consumistas da sua personalidade, buscar mais o desenvolvimento espiritual etc. Sempre será uma oferenda deste tipo, nada material, tampouco algo que possa ser resolvido financeiramente, a não ser que você prometa fazer uma doação financeira, quando seus pedidos se realizarem.

Coloque a carta, escrita conforme explicado aqui, dentro de um envelope fechado e escreva nele: "Ao Amado Conselho do Carma". Atrás do envelope coloque seu nome completo. Não cole ainda. Faça um pequeno altar. Se quiser, pode acender uma vela violeta. Pode ser de sete dias, se você preferir. Incenso de flores, um copo ou uma jarra com água potável. Você vai beber a água assim que a vela acabar. Se for de sete dias, beba a água todos os dias e troque.

Coloque flores ou uma plantinha natural, alguma imagem de santo, anjo, Mestre Jesus, Saint Germain, El Morya... Diante do altar, depois de acender a vela e o incenso, leia a carta em voz alta com fé e confiança. Depois disso, feche o envelope; cole, se quiser.

Faça suas preces para o planeta Terra, para o seu país, familiares, para quem você lembrar. Visualize seu altar envolvido numa grande **luz ou chama violeta**, depois em uma grande **luz ou chama dourada**. Deixe a carta no altar. Quando a vela apagar, guarde-a até o próximo dia 31 de dezembro ou em outras datas das reuniões trimestrais. Nesta ocasião poderá comprovar se os pedidos foram aceitos, os problemas resolvidos, quase sempre é isso que acontece.

Lembre-se também de tentar amenizar os problemas, os "carmas" de outras pessoas. Você deve escrever sobre isso na sua carta, mas concentre-se, principalmente, nos **seus** problemas, inclusive doenças, se existirem. E peça uma solução (cura).

Desenvolvo este ritual todos os anos. Tenho recebido muitas bênçãos e o auxílio realmente acontece. Sei que um grande aprendizado ainda precisa acontecer nesta minha vida aqui na Terra. Ao escrever a carta e ao lê-la depois, o que também acontece é uma autêntica terapia, fico sempre muito emocionada e com uma profunda conscientização.

Finalmente estou conseguindo entender e aceitar qual seria este aprendizado maior e por que ele tem sido tão difícil para mim. E ainda, quantos erros, enganos e desequilíbrios, a não conscientização desta "lição de vida", continuaram acontecendo também nesta existência. O que preciso enfrentar, entender e "curar" faz parte do meu mundo psíquico-emocional-espiritual. Não desisti, tenho a necessária força interior para aprender o que é o mais importante, para que eu consiga ser feliz. Viver em paz, descobrir o valor real da "paz profunda". Antes de escrever sua carta ao "Conselho do Carma", pense um pouco em tudo isso.

Coloco aqui agora um texto do conhecido escritor, best-seller, Eckhart Tolle, da obra *O despertar de uma nova consciência* (editora Sextante). É importante percebermos a verdade contida nas palavras deste escritor e o quanto precisamos compreender suas afirmações. Elas fazem parte dos nossos processos mentais/emocionais que nos causam sofrimentos e problemas em todos os níveis. E nos trazem uma compreensão diferente sobre o que significa a felicidade e por que a nossa incompreensão sobre esta conquista tem nos trazido todos os tipos de tristezas, sofrimentos e dores.

"Tome consciência de que, na maioria das vezes, o que você pensa é o que cria suas emoções – observe a ligação entre eles. Em vez de ser seus pensamentos e suas emoções, seja a consciência por trás deles. Não busque a felicidade. Se fizer isso, não a encontrará porque buscar é a antítese dela. A felicidade é sempre evasiva, contudo, você pode se libertar da infelicidade agora, encarando-a em vez de criar histórias sobre ela. A infelicidade encobre nosso estado natural de bem-estar e paz interior, que são a origem da verdadeira felicidade."

Sobre a felicidade aqui e agora... e também na dimensão espiritual

Ouvindo uma palestra num centro espírita que às vezes frequento, consegui captar uma importante intuição, um ensinamento, algo que já li em alguns livros e que talvez possa nos ajudar.

A palestra falava sobre a vida na dimensão espiritual após a transição: "Há muitas moradas na casa do meu Pai". Este é, na minha opinião, um dos capítulos mais importante do livro *O Evangelho segundo o Espiritismo*. Então ouvi, um pouco antes do "insight" especial que tive: "Se não fizermos bem feito, o melhor possível, nesta vida atual, vamos precisar voltar com este importante aprendizado a ser desenvolvido, com esta mesma 'lição de vida' que não conseguimos concretizar. Todos nós temos algo a aprender, seja amar, seja praticar a caridade, socorrer, curar".

Quando nos esforçamos para concretizar a evolução espiritual a que nos propomos (projeto da alma) e conseguimos desenvolver esta "missão" com sinceridade, persistência e verdadeiro amor, recebemos na dimensão espiritual alguns benefícios especiais.

A "hierarquia espiritual" que vai nos orientar nesta dimensão, após perdermos o corpo físico, vai nos conceder o livre-arbítrio para decidirmos o que e como fazer na próxima vida. Vamos escolher qual será nossa próxima missão. Vamos escolher a quem queremos ajudar novamente, inclusive aqueles que estavam ao nosso lado na encarnação anterior. Vamos escolher se eles serão ou não os nossos companheiros na próxima existência, na Terra ou em outras dimensões do universo.

Tudo isso me parece bastante justo e consolador. Para que se concretize, precisamos viver uma vida voltada para nossos mais nobres projetos e metas evolutivas. Pode ser, por exemplo, que um determinado "carma" não seja totalmente resolvido, mas, se o aprendizado pessoal mais importante aconteceu, temos o livre-arbítrio para decidir como queremos cuidar deste problema ainda não resolvido em uma próxima vida. São promessas e ajustes para uma vida futura que certamente não vão nos garantir a felicidade aqui e agora, sempre importante e fundamental.

Lembro-me aqui de uma frase do poeta e escritor Rainer Maria Rilke: **"Em nenhum lugar, ó bem-amada, o mundo existirá, senão *interiormente*"**. Eu descobri esta frase, aparentemente simples, quando mal saíra da adolescência, e nunca mais a esqueci. Eu a relembro, às vezes, para que me ajude a entender as dificuldades materiais, concretas e objetivas do mundo atual.

5. Estamos em pleno outono de nossas vidas na Terra. A transição é difícil para toda a humanidade

Como você está vivendo esta fase? Consciente de toda a transformação que ela traz para toda a humanidade? O caminho começa a surgir, diferente e especial para cada um de nós.

Tragédias e dramas, pessoais e familiares, envolvendo às vezes uma população inteira, inundações, incêndios, doenças que surgem em todos os cantos da Terra, algumas mortais, tudo isso nos traz uma enorme fragilidade diante deste mundo em que vivemos.

5 de junho de 2016. Finalmente descubro, quase feliz, um dia típico de outono em São Paulo com aquela famosa garoa, deixando tudo mais úmido e frio, dando uma trégua ao calor quase sempre exagerado.

Contudo, a vida continua a mesma neste país, sem a mínima qualidade para um grande número de pessoas, e isso é o que mais me angustia. Elas sofrem muito nos postos de saúde, alimentando-se da pior maneira possível, com crianças que pedem esmolas nas ruas, menores de idade furtando, assaltando, matando... e outros crimes impensáveis, violentos, em níveis inimagináveis.

Eis o "outono das nossas desesperanças". É preciso encontrar a esperança e a confiança de que vamos superar tudo isso que tanto nos afeta emocional e espiritualmente. Às vezes nos sentimos naquele túnel escuro, de onde já entramos e saímos tantas vezes, em tantas e tantas vidas. Lutamos bravamente contra o desânimo e a descrença.

Acredito que estamos conseguindo. O motivo maior destas "vitórias pessoais" para enfrentar a situação objetiva e subjetiva é principalmente o poder interior, o desenvolvimento sempre cuidadoso e consistente do nosso "eu divino".

Ainda que lentamente e sempre repleto de "altos e baixos", o aprendizado está acontecendo. Na vida pessoal, na sociedade, no mundo da política, talvez. Acredito que os problemas materiais/financeiros de uma enorme maioria da população estão ajudando para que este aprendizado finalmente aconteça. Não há como se iludir, o consumo nesta fase continua muito fraco, ninguém tem dinheiro para gastar, muitos não têm sequer um emprego. E os "negócios", os mais lucrativos pelo menos, que tanto nos emocionam e nos deixam agitados, simplesmente não estão acontecendo.

Vamos nos voltar para nosso mundo espiritual e buscar as "razões cósmicas" de todo esse desequilíbrio que atinge a todos. Podemos ver como uma chance para desenvolvermos o mais importante aprendizado, a busca pelo "ser" e não apenas pelo "ter". Palavras que já ouvimos muitas vezes, mas agora se faz necessário refletirmos ainda mais sobre isso.

A crise econômica, social, moral e política está acontecendo em todo o planeta. Estamos cada vez mais conscientes de toda a miséria, as doenças e a vida sem horizontes e sem a mínima qualidade que uma grande parte da população mundial vem enfrentando há séculos. Percebemos, agora muito melhor, o quanto estes povos, estes nossos irmãos parecem estar completamente "abandonados à própria sorte". Amor, Bondade e Compaixão que os Mestres Ascensos tanto nos pedem estão se tornando para todos nós extremamente necessários. Precisamos despertar para esta necessidade de ajudar estas pessoas.

Talvez em existências futuras possamos viver mais felizes e despreocupados. Tudo está de fato mais difícil para muitos de nós. No entanto, somente assim a conquista da "meta maior, cósmica, espiritual" vai acontecer.

Aprendemos ou reaprendemos a rezar, a acender velas e incensos, a buscar amigos e familiares para reuniões mais fraternas, de apoio mútuo, amizade e compreensão. Nelas, nós pedimos e acreditamos na transformação de tudo o que estamos vivendo agora. No entanto, cenas terríveis e dolorosas seguem acontecendo todos os dias e nós assistimos a elas. Organizamos correntes de orações, vamos às ruas levar alimentos, agasalhos aos mais carentes, tudo isto vem sendo feito, cada vez mais, felizmente.

Jamais voltaremos a ser aquelas pessoas com aquelas ambições, aquela vaidade, o desejo quase irrefreável de consumir, ganhar, conquistar o sucesso material. Muitos talvez não terão mais a mesma situação de fartura e prosperidade financeira outrora vivida. Estas situações que nos impulsionaram ao materialismo e egoísmo, a toda uma energia psíquica-emocional-espiritual em sintonia com este tipo de involução e ignorância espiritual, tudo isso passa por uma grande transformação. É isto que o equilíbrio cósmico, a "Grande Direção Divina" do nosso planeta e de todo o Universo planeja para cada um de nós, num plano superior da espiritualidade, para que possamos chegar um dia em um lugar melhor. Infelizmente, esse equilíbrio só acontece, geralmente, por meio do sofrimento, de perdas e derrotas financeiras/profissionais/sentimentais em vários níveis. Um dia certamente compreenderemos melhor.

"E então, com os pés bem plantados na terra, os olhos notarão o curso do Sol e da Lua. Os sentidos percebem a vitalidade crescente da primavera e as folhas caindo no outono. O sangue e a respiração serão restaurados. O ritmo se restabelecerá. A segurança será recriada onde ela realmente existe, no coração de cada pessoa. E a ordem orgânica será restabelecida na Terra." (*O Silêncio do Coração*, de Paul Ferrini)

A importância da experiência pessoal

Certamente já ouvimos muitas vezes: "Coloque-se no meu lugar, somente assim vai entender o que estou sentindo". Algumas situações que enfrentamos na vida terrestre precisam ser vivenciadas como uma experiência pessoal para que delas possamos extrair algum aprendizado, alguma "lição de vida", ainda que envolvida num intenso e angustiante arrependimento, mágoa ou frustração. São situações que despertam no "outro" as mais variadas reações e certamente elas são diferentes para cada um de nós. No entanto, a nossa reação pessoal a uma determinada situação ou sofrimento é sempre única e original, ou seja, ninguém neste mundo vai sentir e reagir da mesma maneira.

Algumas situações parecem atingir um grande número de pessoas e despertar sensações parecidas, por exemplo, as crises econômicas que um determinado país atravessa e que trazem para a população um "empobrecimento generalizado". Ficamos angustiados e de todas as formas gostaríamos de ajudar, mas tudo isso pode se transformar completamente se este "empobrecimento" atinge você e/ou sua família. Talvez você já tenha vivido isso, ou vive agora.

Esta é uma fase de muito aprendizado, envolvida em uma enorme insegurança quanto ao futuro, insegurança que se evidencia até mesmo nos detalhes mais banais do dia a dia. Nesta fase somos obrigados a conviver intensamente com nossas verdades pessoais e buscar nelas a melhor maneira de enfrentar, de suportar e não se deixar dominar. O "ser" precisa, então, de todas as formas possíveis, superar o "ter", e isso deve acontecer sem revoltas, sem desespero.

Em determinadas situações, a fragilidade financeira se torna tão intensa que o desespero surge, não há como evitar. Contudo, em toda esta fragilidade ainda é possível viver com a mais necessária e fundamental "qualidade de vida". É preciso dispensar cada vez mais o supérfluo, o luxo, o lazer excessivo, as compras, restaurantes bonitos e charmosos, viagens diferentes para ótimos hotéis e outras facilidades, vaidades e ilusões do mundo em que vivemos.

Parece fácil, mas não é, e todos nós que estamos lendo este texto agora sabemos muito bem destas dificuldades, de como nos sentimos sem as alegrias que o dinheiro proporciona e o quanto isso realmente nos atinge. É importante fazer essa análise com coragem e sinceridade, sem nos preocuparmos com julgamentos e críticas. Às vezes elas podem vir de pessoas que não estão vivendo a mesma situação ou sequer a viveram um dia.

Para mim, esta experiência foi muito importante. Às vezes tinha a sensação de estar conseguindo dar um salto quântico, uma autêntica cura na minha "química cerebral". Ainda assim, as recaídas poderiam acontecer e de fato aconteciam. A autoestima pode ficar profundamente abalada: afinal, quem sou eu agora sem todas aquelas facilidades financeiras que satisfaziam meus desejos, sonhos e ilusões?

É realmente necessário aprender a viver de outra maneira, mais verdadeira. Seja lá como for, não é uma experiência fácil, é um aprendizado difícil, doloroso, que pode durar um tempo muito maior do que gostaríamos que durasse.

Talvez você não precise passar por este tipo de experiência. Eu mesma acreditava não precisar. Com o tempo, com a vivência de tudo o que estava acontecendo, fui percebendo o quanto eu precisava deste tipo de experiência. Na verdade, ela não foi tão dramática nem tão radical, mas hoje eu sei que ela teve uma enorme importância na minha busca de evolução espiritual e equilíbrio emocional.

Certamente, existem "lições de vida" diferentes. Acredito que para cada um de nós há um aprendizado especial que vai nos ajudar a realizar o projeto da nossa alma. Para que isso aconteça, a cura interior precisa acontecer, precisamos desenvolvê-la, sem desânimos, sem revoltas.

Existem lições de vida muito especiais, principalmente para a "cura do coração". Sentimentos como a mágoa, a rejeição e a solidão que ela pode trazer, um sofrimento que parece não ter fim. Aos poucos tudo vai ficando mais claro, a linguagem da alma chega até nós em momentos de profunda reflexão.

Mais um pouco sobre a importância da experiência pessoal

Escrevi no texto anterior sobre a experiência quase sempre dolorosa de enfrentar problemas financeiros, crises pessoais e familiares em que a fragilidade econômica se acentua de uma maneira intensa e às vezes sem solução, pelo menos sem solução imediata.

Escrevo agora sobre um outro tipo de experiência pessoal praticamente intransferível que se chama "arrependimento". Posso compará-la a uma espécie de ferida que se instala no coração, difícil de cicatrizar.

Poucas são as pessoas que nunca experimentaram a "dor de um arrependimento". Isso pode variar de nível, pode ser superficial ou profundo, cavando verdadeiros abismos no seu mundo emocional, dificultando a existência.

Afinal, por que agimos ou reagimos de uma maneira e depois nos arrependemos? Isto pode ser imediato, pode levar alguns dias ou meses, mas se este arrependimento existir realmente, ainda que inconsciente, ele vai acontecer.

Provavelmente outras atitudes surgiriam, e outros caminhos se tornariam mais claros, talvez mais felizes. Talvez pudessem resolver melhor. Isto poderá ser mostrado e conscientizado para nós, às vezes "tarde demais". A primeira e fundamental atitude para enfrentar o arrependimento é exatamente esta, ter consciência de que ele existe, enfrentar suas consequências e tentar amenizá-las ou, se possível, resolvê-las. Precisamos, também, extrair qualquer sentimento de culpa. Não podemos nos sentir culpados por esta ou aquela reação, se naquele exato momento, naquela fase que vivíamos, tudo aquilo nos pareceu exatamente o "melhor caminho" a ser tomado.

Em algum momento as lições de vida surgirão e o aprendizado vai acontecer. Vamos descobrindo o valor da verdadeira sabedoria, a importância do autoconhecimento e, ao lado dele, da mais autêntica autoestima. Os desequilíbrios emocionais, as atitudes impulsivas, que às vezes acreditamos sábias e acertadas, podem deixar de existir.

A nossa tão famosa "onipotência", incorporada sem questionamentos mais profundos diante dos fatos da vida e das nossas experiências pessoais, vai se desmoronando pouco a pouco. Isso quase sempre acontece quando percebemos que determinadas situações, atitudes ou reações das quais nos arrependemos profundamente não podem mais ser modificadas.

No entanto, não vamos permitir que o desânimo, a angústia ou a depressão tomem conta do nosso mundo interior. Estamos aqui em busca da cura do coração. Sabemos que, a partir desta cura, o projeto da alma pode acontecer.

A vida pode se transformar completamente na alma em harmonia e paz

"Não desanime de reencontrar, recuperar e reconquistar a paz que perdeu. Não se entregue a nenhuma forma de desespero sem antes mergulhar profundamente na sabedoria verdadeira de sua alma, que continua repleta de luz, harmonia e paz, uma paz tão envolvente e profunda, como nunca você sequer imaginou." Foi este o recado que recebi de um mentor espiritual. Com lágrimas nos olhos, eu o escrevo aqui para vocês.

Um dia nesta vida atual e talvez em muitas outras, conseguimos descobrir a importância da "paz profunda". A ela se referem nas preces, nos ensinamentos e até mesmo na saudação cordial de um "estudante Rosacruz" para outro. Nas Lojas, Capítulos e Pronaos da Ordem Rosacruz, a expressão "paz profunda" é muito utilizada por todos. Não sei se todos percebem a importância desta conquista. Muitas vezes me questiono sobre a importância tão elevada e útil dos ensinamentos desta escola místico-filosófica e me pergunto: será que estou realmente compreendendo? Será que estou vivenciando tudo isso da maneira ideal, com toda a profundidade exigida?

Talvez você se interesse por estes estudos e por participar dos rituais místicos da Ordem Rosacruz, que tem sua origem no Egito Antigo e traz para seus estudantes o conhecimento secular dos Mestres e Mentores Espirituais, encarnados e desencarnados. Ao lado destes ensinamentos, traz também nos seus livros e publicações as mais modernas conquistas da ciência física, psíquica e comportamental para que possamos construir um autêntico caminho de evolução espiritual e aperfeiçoamento individual. Acesse este site e poderá conhecer muito mais sobre esta organização mundial: www.amorc.org.br.

A alma nos mostra o caminho. Se você conseguir ouvir seu recado, decifrar suas mensagens às vezes camufladas por vibrações estranhas e confusas que cada um de nós coloca na própria vida. Se estamos envolvidos apenas em preocupações superficiais e mundanas, estas vibrações ficam perdidas no meio destes pensamentos e emoções. No entanto, por meio da prática da meditação, elas vão se dissipando e a voz interior pode ser ouvida com toda a sua luz, nos ajudando a retomar o caminho perdido.

Cultivar e manter a "paz profunda" é a meta dos estudantes de misticismo, espiritualistas, espíritas, religiosos de várias seitas. Não se trata aqui da "paz superficial", que nos ilude por alguns momentos tentando esconder algumas verdadeiras "tempestades" no coração. A "paz profunda" é muito mais do que isso. Posso afirmar que eu a persigo diariamente, sem jamais desistir. Parece que finalmente compreendi que esta situação interior de autêntica harmonia no psíquico-emocional-espiritual é a maior conquista que posso almejar. Cada vez mais comprovo isso, no dia a dia deste mundo tumultuado em que reencarnei.

Todos podemos fazer nossas escolhas. Por exemplo, por uma escola espiritualista ou iniciática, uma crença ou doutrina esotérica, estudos e práticas com as chamadas terapias interdimensionais e muitas outras opções. Tudo isto agora está cada vez mais a nossa disposição, em todos os níveis. O mais importante precisa acontecer: conquistar a paz interior e conseguir mantê-la nas mais diversas e até mesmo tumultuadas e conflitivas situações de nossa vida na Terra.

"Deus se expressa numa linguagem única e especial em cada coração. A Sua Presença, a sua Luz, está presente em todas estas formas de linguagem e de expressão. Descubra todos os dias a comunicação, o recado de Amor e de Luz que Ele está transmitindo para você de uma maneira única e especial." (Em algum lugar, em algum livro, eu li algo deste tipo. É uma mensagem importante para todos nós.)

Como ouvir e entender os recados da alma?

Estamos cada vez mais nos aproximando de uma Nova Era – esta frase não é assim tão simples, embora a escutamos muitas vezes. Esta transformação da humanidade terráquea significa para todos nós um período de acontecimentos gigantescos e radicais. Dramas e tragédias acontecem diariamente em todas as partes do mundo. Assim como curas físicas-psíquicas-emocionais-espirituais que acontecem às vezes de uma maneira inexplicável, embora cada vez mais a Ciência moderna nos traga explicações racionais e objetivas. Com ou sem estas explicações, as curas ou uma grande melhora de doenças e dores físicas e emocionais, com os tratamentos e terapias espirituais, continuam acontecendo. E também continuam nossos processos de transformação pessoal e de cura interior. Sabemos muito bem que são o resultado de um longo trabalho de transformação e busca pessoal. Nós nos curvamos diante disso, confiando humildemente no Amor Divino, na Providência Divina, em uma Organização, uma Direção Cósmica deste mundo em que vivemos e que estamos ainda muito longe de compreender.

Quando nos referimos aos "chamados da alma", estamos usando uma maneira mais poética para entender a intuição. Momentos e fases da vida em que conseguimos ouvir e entender um recado especial, que parece brotar de dentro de nós, pode ser o nosso "mestre interior", pode ser nossa "mente superior" ou o nosso "eu divino".

De todas as formas e nos vários níveis de consciência em que estes chamados se manifestam, o mais importante é conseguir ouvi-los e, sem questionamentos racionais e excessivamente objetivos, ir em busca daquele caminho. Estes "recados" podem acontecer na simples leitura de um livro ou na solidão de uma meditação profunda – a resposta esperada e necessária poderá surgir.

O processo pode até ser chamado de mágico, mas certamente em algum momento poderá ser explicado. Pesquisas e estudos sobre estes processos – o que acontece quando meditamos, quando rezamos, buscando a sintonia com nossos mentores e mestres espirituais – certamente nos trarão respostas mais racionais.

Sem autêntico autoconhecimento, humilde e corajoso ao mesmo tempo, pouco conseguiremos entender sobre nosso mundo e sobre o mistério da Vida que envolve todo este universo infinito. Este é o mistério maior. Sem respostas ou sem uma solução, pode trazer angústias e tristezas em todos os níveis.

Apenas a conquista de uma verdadeira sabedoria e "poder interior" vai nos livrar deste "caos interior" que continuamos enfrentando na vida atual. Às vezes estamos envolvidos em muita riqueza cultural e intelectualismo. O caminho para um real desenvolvimento espiritual quase sempre nada tem a ver com a cultura intelectual. É claro que este conhecimento mais intelectual, esta participação ativa nos acontecimentos do mundo, na sua história, seus fatos concretos, mudanças e lutas, vai sempre nos ajudar muito na busca mais consciente e realista do aperfeiçoamento interior.

O sofrimento intenso e aparentemente sem solução pode mostrar que estamos mais próximos da cura

A experiência pessoal é muito importante e insubstituível. Às vezes, o sofrimento, aquele vazio no coração, sem esperanças, parece se instalar definitivamente. Desesperados e angustiados, queremos fazer o que for possível para reconquistar a paz, a harmonia interior e a cura.

Quase sempre, o processo do "desespero à cura" é parecido, passa por uma profunda e dolorosa conscientização, em que o autoconhecimento tem um papel fundamental. Culpas aparecem por todos os lados. Antes de mais nada, é importante "perdoar a si mesmo". Estamos nos preparando cada vez mais para as metas mais importantes desta caminhada: curar, ensinar, participar da maneira mais prática possível da Grande Mudança que se aproxima.

No entanto, temos que aprender a suportar e lidar com a culpa e com o autoperdão. É importante reaprender a pensar, analisar situações que não podem ser modificadas e conviver com elas, com paz interior e harmonia.

Reaprender a pensar, da maneira mais positiva e construtiva possível, afastando completamente a ligação com o passado e também com o futuro, que sequer existe. São estas emoções que precisamos reeducar. Não é fácil! Essa fase certamente é a mais indicada para um enorme enriquecimento interior. Vamos aprender a amar, amar a si mesmo acima de tudo, em todas as situações.

O sofrimento, a frustração com tudo o que possa estar acontecendo, não será tão facilmente diluído por pensamentos e emoções saudáveis e construtivas. Trata-se de um processo, um aprendizado que vai se desenvolver por algum tempo, talvez muito maior do que você esperava e desejava. O mais importante é que, depois dele, nunca mais seremos os mesmos. Este aprendizado tão arduamente conquistado poderá mudar o mecanismo interior do nosso mundo mental-emocional. O nível vibratório passa a ser outro. Dificuldades, situações difíceis e angustiantes passam a ser enfrentadas de uma outra maneira.

Os cuidados com nossos processos mentais não devem nunca ser interrompidos. Eles podem trazer de volta os mesmos enganos e desequilíbrios de antes. Processos mentais-emocionais podem ser "doentios". A humanidade os desenvolve continuamente, sem conhecimento, sem a necessária conscientização do mal que podemos estar fazendo para nós mesmos.

"A transformação só acontece quando existe o compromisso com o caminho." (Frase de um filósofo e monge tibetano durante uma aula de Yoga.)

Reaprender a pensar e a viver, curando mágoas, frustrações e arrependimentos

Um novo mundo há de nascer dentro de cada um de nós, transformando pensamentos e emoções, harmonizando as vibrações (a energia) que nos envolvem a todo momento, sem cessar. É a "cura do coração" que finalmente se desenvolve para todos aqueles que já despertaram. Embora não pareça, ou você não acredite, uma grande parte da humanidade já despertou.

Está acontecendo também a cura dos nossos "mecanismos interiores", ou seja, como pensamos e como reagimos

– de uma maneira doentia, repleta de conflitos e contradições – interior e exteriormente com nossos pensamentos e emoções.

Os recados da alma não cessam e de várias maneiras eles acontecem. Para este nosso "despertar" surgem intuições, sonhos e premonições, coincidências e sincronias que preenchem os nossos dias e podem nos trazer novos caminhos para a cura, a recuperação da paz e da alegria de viver.

Um destes recados da alma, envolvidos em coincidências estranhas e especiais, me levou a conhecer o trabalho de Horácio Frazão. Ele tem formação em Biologia, é um pesquisador e estudioso da Física Quântica nas suas mais atuais descobertas e significados. Foi então que o conheci e desenvolvi durante muitos meses a "cura quântica".

Isto aconteceu numa fase de minha vida em que estava precisando de uma profunda renovação interior, mental-emocional especialmente. Diante da minha pergunta para este mestre da cura quântica: "Quem são os seus mentores espirituais, e como você se comunica com eles para trazer para nós estes métodos, estes processos de cura quântica?", esta foi a resposta dele:

"Há um bom tempo venho mantendo contato com esses seres. As características e procedência deles variam muito. Alguns são mentores e amparadores, espíritos de linhagens e egrégoras com as quais possuo conexão de outras vidas, hindus, chineses, alguns extraterrestres também. Eles habitam o plano extrafísico ou astral. Há um outro grupo mais sutil, que não mais possui forma física. Seus integrantes têm uma forma de comunicação diferente e são de uma outra linha evolutiva. Há também alguns que são seres de outros sistemas planetários, físicos, que dependendo do momento se aproximam fisicamente. A forma de comunicação que é utilizada é uma espécie de comunicação em bloco. Eles emitem um condensado de informações e quando assimilo é como se tivesse que fazer uma espécie de *download* de informação e vou compilando e dando um contexto para aquilo. Hoje em dia é um processo quase automático, acontece o tempo todo, e me acostumei a perceber que a minha linha de raciocínio se mescla com a deles como se fosse uma mente única."

Talvez tudo isso ainda seja estranho para você. Para entender e acreditar, é necessário assistir a uma palestra ou participar de um curso com o professor Horácio Frazão. Você pode também pesquisar na Internet o conteúdo do professor Horácio, sei que vai ser útil, se você estiver preparado para este novo mundo, da Física Quântica, do novo espiritualismo, da energia quântica, com todos os caminhos que trazem para que possamos conquistar a cura interior e uma verdadeira prosperidade, em todos os níveis de nossas existências.

Veja em seguida a entrevista que fiz com o Horácio, logo depois de assistir a uma de suas palestras em São Paulo.

Um grande e poderoso médium, clarividente-intuitivo, é algo que logo percebemos nas aulas e cursos de Horácio Frazão. Eles aconteceram em São Paulo, mas também em outras cidades do Brasil e do exterior. Durante muitos anos, ele viveu e conviveu em tempo integral com monges da Índia, África, Europa e Filipinas.

– Com eles, estudei e vivenciei processos e métodos de desenvolvimento da consciência e de uma nova percepção por meio de técnicas de meditação e controle da energia vital – ele conta. E continua: – Meu interesse por esta dimensão espiritual-metafísica da vida teve início quando eu mal completara 14 anos de idade e tive acesso a um livro de tema espiritual que tratava da vida no Oriente. A leitura daquele livro mudou completamente minha vida interior. Me identifiquei completamente com uma série de informações, blocos de conhecimento, significados e conteúdos que praticamente já existiam na minha mente e que então vieram à tona. O conhecimento e o desenvolvimento da "cura quântica" foi uma consequência natural. Acho importante entendermos bem o que significa "cura quântica".

Sobre a cura quântica, ele diz:

– A cura na visão quântica não se restringe apenas a curar um mal físico. Está relacionada com a possibilidade de mudança de uma realidade. Mudar a realidade, mudar a consciência, é o início do processo. Há um pressuposto importante na Física Quântica: a forma como você observa um objeto altera o objeto observado. Quem observa? A consciência, ou seja, você mesmo. Portanto, se somos capazes de alterar a forma como observamos a nós mesmos e a nossa realidade, podemos então mudar a própria realidade. Podemos então afirmar que cura quântica é um processo de mudança de percepção que repercute na mudança da realidade.

O professor Horácio falou também sobre seres de outras dimensões:

– Uma população de seres de vários níveis evolutivos colaborando e dando sustentação para que continuemos a nossa experiência aqui, atuando para que encontremos "o caminho" antes de nos destruirmos enquanto espécie, ou melhor, para que jamais nos destruamos enquanto espécie, mas sim continuemos evoluindo em todos os aspectos e em toda a humanidade deste planeta. Uma grande parte destes seres – ele explica – são espíritos de grande envergadura espiritual que vibram com muita amorosidade para nos ajudar no nosso processo evolutivo, sem, contudo, interferir diretamente na nossa experiência pessoal, pois sabem que também somos os criadores da nossa própria realidade. Eles sabem (e respeitam) que somos responsáveis por tudo aquilo que estamos vivendo e que estamos num processo constante de aprendizado.

E continua:

– Ainda estamos numa fase em que nosso nível de evolução funciona por contraste. Um dia compreenderemos perfeitamente isto, assim como compreenderemos que a verdadeira prosperidade só acontece quando atingimos um nível profundo de autovalorização. A paz é um estado natural. Se formos capazes de eliminar o conflito entre nós e a realidade, acessaremos a dimensão da paz que já existe dentro de nós.

Mudar pensamentos e emoções, logo entendi, era o que precisava acontecer, inclusive, no meu processo de cura quântica. O processo pode ser longo, e pode haver recaídas, que não podem nos desanimar. Precisamos aprender a viver em harmonia com a Mente Superior, com nosso Mestre Interior, como procuram sistematicamente por esta meta os místicos, espiritualistas, espíritas. Horácio Frazão explica:

– Viver em harmonia com a Mente Superior significa que você compreende que esta é a dimensão maior do seu eu cósmico. Esta dimensão é atemporal, portanto, detém conhecimento infinito. Estar em contato com ela significa viver em um estado de confiança e entrega para que a dimensão em você, numa sintonia com a sabedoria pura, possa te conduzir ao seu verdadeiro caminho. O paraíso na Terra é algo que acontecerá num futuro longínquo, estamos vivendo agora uma fase de transição em que seres muito evoluídos convivem com outros mais rudes, e isto quebra a sintonia com a Luz. Estes espíritos menos evoluídos serão atraídos para planetas mais primitivos para que lá então possam extravasar suas rudezas e gradualmente aprender e evoluir. Por outro lado, seres com mais ordem e harmonia espiritual estão sendo atraídos para reencarnarem aqui. Com o tempo, o planeta Terra terá uma população de espíritos que serão a base para uma nova sociedade harmônica e pacífica.

Se você for mais jovem, 20 anos de idade ou um pouco mais, poderá viver e se beneficiar de todas as formas possíveis desta grande transformação. Se a idade já for avançada para você que lê este livro, vamos ficar felizes do mesmo modo, porque nossos filhos, netos, bisnetos, enfim, toda a humanidade vai viver num novo mundo, onde o amor, a paz e a união entre os povos serão algo envolvente, real, em todas as partes desta Terra.

Como enfrentar a transição, acreditando neste sonho que aos poucos se torna real?

Todas as chamadas "fases de transição" são difíceis, por motivos que entendemos, mas nem sempre nos conformamos. Acredito que a "instabilidade emocional" destas fases nos afeta profundamente. Queremos respostas que venham logo e que possam ser as respostas que queremos.

Frequentando cursos, palestras, trabalhos espirituais,

desenvolvendo rituais místicos, lendo muito e sempre buscando aprender, acredito que possamos encontrar os recursos necessários para enfrentar estas fases difíceis e quase sempre muito mais demoradas do que gostaríamos. No entanto, nem sempre é assim, ou seja, às vezes estes recursos não conseguem nos ajudar como precisamos, como gostaríamos.

Muitas vezes precisei de auxílio. Terapeutas foram procurados, especialmente os espiritualistas, florais de Bach ou de Saint Germain me ajudaram muito a transformar completamente a energia (sempre que possível buscando a compreensão emocional-espiritual de tudo que estava acontecendo e procurando nos remédios naturais uma grande melhora ou mesmo a cura). Os resultados apareciam, às vezes aos poucos, às vezes intensos, trazendo para meu mundo interior a conscientização necessária e os caminhos para a cura.

A verdadeira humildade se faz importante e necessária. Confiar em Deus, nas suas leis, em todo o processo de causa e efeito que direciona nossas vidas aqui na Terra. Esta aceitação autêntica (humilde e corajosa) da fase transitória que estamos vivendo é um primeiro e importante passo. Depois dele, a sintonia com a Luz, com o amor e com o auxílio dos Mestres, Arcanjos e Anjos se torna fácil, ela flui naturalmente como sempre deveria acontecer. Nesta "sintonia" verdadeira e confiante, a fase difícil e problemática de instabilidade pessoal-emocional vai ser resolvida no tempo certo e da melhor maneira.

"O mal não é real, e sua aparência não tem poder algum." Se você está sofrendo agora, com mágoas, preocupações, tristezas, medite um pouco sobre esta frase do Mestre Ascenso El Morya. Vamos tentar entendê-la melhor em toda a sua verdade e profundidade.

No entanto, meditar e analisar uma frase, ainda que iluminada e verdadeira, não vai lhe trazer a cura para problemas e desequilíbrios psíquico-emocionais. O caminho para "vivenciar" esta frase do Mestre El Morya é longo e repleto de altos e baixos. Precisamos aprender a enfrentar com todo o equilíbrio possível, conservando a harmonia interior. Precisamos enfrentar, tratar e superar nossos problemas pessoais e familiares.

Tudo há de passar. Lembre-se de tantas outras fases de sofrimento, alguns intensos, insuportáveis. E lembre-se em seguida de como finalmente, ou muito mais rapidamente do que você imaginava, tudo aquilo passou, como um filme, dramático talvez, mas que teve seu final. Como disse e escreveu o escritor e sábio hindu Yogananda: "**O sofrimento existe para nos lembrar que a vida é um filme**".

O livro *Vivendo em paz*, de Thich Nhat Hanh (editora Pensamento), possui algumas frases tão simples e profundas que podem conter o mais verdadeiro caminho para enfrentar problemas e situações difíceis. "**Precisamos aprender a ser felizes no momento presente, a entrar em contato com a paz e a alegria que estão nesse momento à nossa disposição. Se alguém nos perguntar se o melhor momento de nossa vida já chegou, podemos responder que irá chegar muito em breve.**"

6. O melhor momento de nossa vida ainda vai chegar. Acredite!

Com mais de 70 anos de idade, escrevo e reescrevo, corrijo e reviso esta parte do meu livro. Gostaria que fosse a última. Procuro sempre sentir isso quando estou terminando um livro, uma missão, atingindo uma meta. Mas, neste momento, não é exatamente o que estou sentindo.

Vou tentar contar aqui um pouco do que vivi e ainda estou vivendo, assim você acompanha comigo esta fase, já que todos, cedo ou tarde, podemos enfrentar uma fase como esta.

Foram oito anos, talvez um pouco mais. Frustrações de todos os tipos invadiam minha vida pessoal, minha rotina em casal, com a família. Decepções profundas, principalmente comigo mesma. "Como fui capaz de fazer isso? Como consegui acreditar que ia dar certo?" Por muitos motivos não quero entrar em detalhes sobre essas questões. O que me parece realmente importante é o resultado destes conflitos que coloco aqui e do quanto eles me atormentavam praticamente todos os dias, durante todo este tempo.

Tristezas, dores, decepções e frustrações, quando estamos na chamada terceira idade, certamente são maiores, doem mais, pode ter certeza disso. Pode surgir um medo monstruoso de "nada mais vou conseguir mudar". Perdemos, um pouco ou muito, a força interior, a coragem, o entusiasmo, e isso não pode, de jeito nenhum, acontecer.

Entendi muito, aprendi, evoluí, durante todo este tempo. Poderia ter sido bem mais curto, mas parece que não somos nós que decidimos isso. Se somos, perdemos este controle sobre o tempo de duração de nossas crises. Isto parece que foi perdido, ou temporariamente afastado de nossas vidas, em sonhos e ilusões, decisões erradas.

Perdemos a liberdade de escolher o tempo ideal de duração para todo e qualquer aprendizado. Para mim, foram estes longos "mais de oito anos". Para o Brasil, por exemplo, e para muitos outros países, muitos anos já se passaram sem que as mudanças fundamentais acontecessem. Crises econômicas, desempregados, uma enorme desigualdade social e outras situações que nos angustiam. Isso tudo também precisa e vai mudar. Acredito sinceramente que sim. No entanto, não sabemos realmente quando isto vai acontecer. Hoje, enquanto escrevo e reviso estas páginas, ainda não sabemos quando vamos finalmente vencer todas estas crises sociais, econômicas, morais, ignorâncias espirituais em quase todos os países deste planeta.

Percebo que as mudanças vão acontecer e que tudo pode e vai melhorar, de várias maneiras e em vários setores da minha vida. No entanto, ainda nem sei exatamente quando e como vai acontecer. Talvez você esteja neste momento enfrentando uma fase mais longa de sofrimento e frustração. Seja lá como for, eu gostaria que você jamais deixasse de acreditar que isso terá um fim. Ele virá no momento certo, e virá se você jamais deixar de acreditar.

Coloco aqui, nas páginas deste nosso livro, alguns caminhos para a cura, cura do coração, cura de situações que queremos mudar, que não nos deixam felizes, aparentemente sem saída, sem solução. Espero que lhe seja útil, como tem sido para mim. Acredito que tenho algo a lhe mostrar sobre estas escolhas e opções que podem nos ajudar a conquistar este nosso desejo de paz, alegria de viver, prosperidade e saúde, física, mental, emocional e espiritual.

Recados da alma, na sua busca incansável de amor e luz

Esteja atento, sensível e consciente sempre, em todos os seus dias aqui na Terra. Às vezes, um bom filme, uma emocionante peça ou um musical no teatro, um livro maravilhoso, um sonho diferente com seres espirituais evoluídos e bondosos que lhe trazem inspiração, conhecimento e cura – tudo isso pode acontecer mais se você estiver realmente "desperto". O significado de "estar desperto" é muito extenso e profundo, também significa estar preparado para encontrar a qualquer momento uma explicação, uma compreensão que você procurava há tempos.

Num destes domingos repletos de tédio e "desconsolo", como às vezes são os domingos em nossas vidas, acabei num cinema com minha neta. Tanto eu quanto ela acreditávamos que o filme seria muito ruim, uma história de autoajuda, piegas, emoções fáceis, respostas prontas, lugares-comuns. Nada disso aconteceu naquele filme que nos deixou completamente envolvidas, aprendendo muito em cenas, frases e situações de toda aquela história.

O filme *O vendedor de sonhos*, baseado num livro de Augusto Cury, de grande sucesso, trouxe um importante aprendizado, para mim, principalmente. Para minha neta, nos seus quinze anos de vida, o coração repleto de sonhos e ilusões, talvez a reação tenha sido outra. Seja lá como for, acredito ter sido muito bom a ter levado comigo. Algo ficou naquela jovem alma (talvez ela tenha um espírito muito antigo, reencarnado agora na Terra. Talvez muito mais antigo e evoluído do que o meu).

Coloco aqui uma das muitas frases que me passaram verdadeiras lições, aprendizado e compreensão: "**As pessoas não morrem quando seus corações param de bater, elas morrem quando, por algum motivo, deixam de acreditar que são importantes**". Esta frase foi dita a uma senhora muito idosa, num asilo. Ela estava completamente abandonada aos seus pensamentos, abandonada na sua solidão, sem mais sonhos, sem metas, sem nada que lembrasse tudo aquilo que ela fora um dia. Ela não tinha mais **nenhum tipo de prazer na companhia de si mesma**, dos sonhos que ainda existiam, sentimentos e emoções extraídas de uma vida plena e abençoada.

O que mais me chamou a atenção nesta frase do filme foi a questão sempre tão primordial da autoestima. Ela se refere à autoestima de uma maneira tão clara e tão simples, mas que pode conter uma análise profunda e verdadeira.

Em que momento da sua vida você deixou de "se sentir importante" para si mesmo? O que teria acontecido que "derrubou" a sua autoestima? Ela era verdadeira? No que se apoiava para ter sido destruída assim, sem que nada pudesse reconstruí-la?

Quando o vazio interior começa a aparecer, quase sempre chamado de solidão ou desânimo profundo, precisamos recuperar a sensação fundamental de que somos filhos de Deus, muito amados por Ele, e estamos aqui nesta Terra para sermos felizes. Isto significa conquistar a felicidade interior.

Este sentimento de plenitude interior nada tem a ver com conquistas exteriores. É algo arduamente conquistado, vitórias e derrotas, alegrias e mágoas, aprendizados em vários níveis desta existência, repleta de conhecimentos e experiências espirituais em todos os momentos, para serem conhecidas e praticadas.

Em qual destes caminhos você se encontra neste exato momento? Sabe para onde está indo, sabe o que quer e o que precisa. Mais cedo ou mais tarde você há de chegar, tenha muito firme esta certeza. Apoiada nela, a sua autoestima se fortalece imediatamente.

Se for preciso, busque alguns recursos. Buscar a energia que pode estar faltando em alguns remédios especiais, como remédios homeopáticos, florais de Bach, de Saint Germain, florais do Joel Aleixo (uma fórmula de florais desenvolvida num processo alquímico).

Existem florais que são compostos num verdadeiro processo de alquimia, junto com os cristais, alguns com o auxílio, a inspiração de seres especiais, de outras dimensões. Procure por eles. Para mim foram úteis. Cito aqui em especial os Florais da Deusa. Entre no site deles se quiser e informe-se melhor: www.floraisdeuseluz.com.br.

Florais, homeopatia, auxílio espiritual ajudam muito, mas não fazem milagres

Não sei exatamente explicar como os florais e a homeopatia atuam no nosso "campo energético", incluo neles o "passe magnético". Por isso mesmo, frequentar com disciplina, determinação e fé um bom e autêntico "trabalho espiritual/espírita" poderá lhe ajudar muito, na medida em que o "passe" também será um dos instrumentos para sua cura, purificação e harmonia interior.

Por alguns motivos psíquicos-emocionais-espirituais, num determinado período de minha vida atual aqui na Terra, algumas decisões aconteceram, acreditei totalmente nelas, aparentemente cega (e surda) a argumentos mais racionais, conselhos, orientações. Uma certa "onipotência" parecia me envolver naqueles dias. Acredito que para muitos de vocês que estão me lendo agora isso também possa já ter acontecido. Acredito que possa ter sido também muito difícil "voltar atrás". É aí que a autoestima fica abalada, fragilizada, pode chegar a uma depressão profunda e aparentemente sem solução.

Afinal, o que acontece neste momento com "nossa onipotência"? De uma forma ou de outra, acreditávamos nela sem aceitar seus limites e ilusões; assim sendo, acreditávamos totalmente nas nossas decisões, e que certamente nos fariam mais felizes.

Pensando e refletindo desta forma, sugiro para vocês o uso de remédios energéticos, especialmente os florais. E citei inclusive alguns especiais que mais do que outros, talvez, podem atuar nestas situações de arrependimento, medo do futuro, desânimo diante do momento presente, e ainda na dor intensa de uma "impotência" diante daquilo que não pode ser modificado.

Estas medicações naturais, energéticas, que não trazem nenhum efeito colateral, podem realmente ajudar. Especialmente agora, nestes novos tempos de uma especial espiritualidade, os Mestres Ascensos, Arcanjos, Anjos e nossos irmãos de outras dimensões (Arcturianos, Sirianos, Pleiadianos e muitos outros) estão muito interessados e dispostos a nos auxiliar. Isso também se aplica na produção, na alquimia com que são feitos de uma maneira artesanal estes remédios homeopáticos, florais, ou na transmissão de energias curativas através dos chamados "passes espirituais".

Os florais: eles atuam especialmente nos processos emocionais. Podem acalmar ou mesmo resolver mágoas, tristezas e outros sintomas e situações psíquicas-emocionais-espirituais. Às vezes podemos estar envolvidos por energias destrutivas e não encontramos forças para reagir e superar. Elas são construídas por nós mesmos e agravam ainda mais toda a situação.

Coloco aqui um pequeno trecho do livro *O Grande Pulso, com mensagens do Povo Azul*, do conhecido escritor Carlos Torres.

"Quando esta sabedoria intuitiva estiver completa no reino dos homens, a dúvida será completamente extinta e a confiança tomará o seu lugar. Seus egos serão comandados por seus espíritos e se tornarão seres totalmente lúcidos e iluminados. Hoje, vocês não detêm esse poder de decisão, visto que ainda são regrados por suas mentes confusas e ainda estão repletos de julgamentos. Quando estiverem livres dos processos maléficos do ego, estarão livres."

Mestres e mentores
de outras dimensões

Num domingo de abril, participei de uma maravilhosa palestra (São Paulo) sobre os Arcturianos (seres ultraplanetários, de outra dimensão), desenvolvida pelo professor Horácio Frazão, cuja entrevista você já leu neste livro. Horácio é uma pessoa profundamente humana, carismático, com um incrível senso de humor. O evento estava lotado. Percebi o quanto as pessoas se envolvem, acreditam e esperam todo tipo de possíveis milagres através do contato com estes nossos irmãos iluminados e misericordiosos que são os Arcturianos. Como disse Horácio: "Eles querem nos ajudar a mudar o nível da consciência e assim evoluir, galgar um enorme degrau de evolução espiritual. Ao mesmo tempo, devo dizer a vocês [ele ressaltou] que uma grande maioria da humanidade terrestre não está preparada ainda para esta transformação".

Perguntei como é que ela vai acontecer. Horácio respondeu: "Ela está acontecendo. De todas as formas possíveis, com seus efeitos diferentes para uns e para outros".

Eu pergunto agora para vocês: MUDAR a consciência é fácil, aprender a viver, a pensar, evoluir, conquistar o equilíbrio psíquico-emocional? É importante um mergulho profundo em nós mesmos: "Estou preparado para este contato, para desenvolver e aplicar na minha vida pessoal estes ensinamentos, orientações e técnicas de cura dos Arcturianos?"

É fundamental acreditar na existência deles. Cursos e palestras acontecem em várias cidades do Brasil sobre este tema. Existe uma terapia holística muito utilizada atualmente conhecida como "cura transdimensional" e também "cura quântica".

Perguntas e respostas são muitas. Aconselho para todos os interessados neste tema ler os livros de Joshua David Stone, em especial *Manual da Ascensão Cósmica*, também *Psicologia da Alma* e ainda *Mistérios Ocultos* (editora Pensamento). Eu li estes livros há muitos anos. Aos poucos estou tentando me preparar em todos os níveis nesta minha encarnação na Terra para uma proximidade com "eles" para vivenciar o auxílio incrível que podem dar, para mim mesma e acima de tudo para toda a humanidade. Alguns contatos já aconteceram, por enquanto nos sonhos, mas para mim foi importante e muito real.

Nossos irmãos de outras dimensões estão nos chamando. Eles também fazem parte do meu livro *Passageiros da Nave Terra* (edições BesouroBox). É um processo que ainda me parece longo e às vezes complexo, repleto de encruzilhadas que cada um de nós vencerá de acordo com seu preparo e com seu aprendizado em todas as áreas de sua vida, inclusive em outras existências. Talvez já tenhamos vivido neste planeta Arcturus, tão falado, escrito e divulgado por escritores e terapeutas holísticos em seus ensinamentos. Sequer compreendemos, porque não estamos mais lá.

Informações, canalizações e tratamentos de outras dimensões

Nossos "irmãos das estrelas" estão presentes nas canalizações, mensagens, profecias, ensinamentos e tratamentos para a cura. Acredito que tudo possa ser real, mas não exatamente desta forma. As mensagens de Mestres Ascensos, Arcanjos e mentores "extraterrestres" às vezes são extremamente longas.

Textos, cursos e *lives* estão sempre presentes nos canais de comunicação da vida atual, nas redes sociais, principalmente. Podemos aprender muito com tudo isso, entendendo com cuidado e critério o que estamos mesmo buscando.

Acredito ser importante que as mensagens, "canalizadas" ou não, sejam lidas e assimiladas com algumas reservas. Elas são extremamente otimistas, repletas de conselhos positivos e construtivos. Quase sempre parecem não levar em conta a dor e o sofrimento que podemos estar sentindo naquele momento, quando não conseguimos nos sentir assim, "tão harmoniosos e iluminados".

Algumas matérias já foram escritas sobre este "otimismo exagerado" de uma grande parte dos usuários das redes sociais, especialmente o Facebook. Escrevo mais especialmente sobre o Facebook porque tenho utilizado este meio de comunicação que me parece ser extremamente útil nestes tempos em que vivemos, com tanto conhecimento e comunicação ao alcance de todos, desde que não nos deixe escravos deste tipo de contato e informação.

Nesta fase quase final deste livro, quero escrever sobre a verdadeira humildade. Parece-me que ela tem sido muito mal compreendida – o que não posso nem devo julgar. Eu também, em muitas fases de minha vida, acreditei estar sendo humilde, ou pelo menos me preparando para isso. Em outras fases de um longo e difícil aprendizado, descobri que meu mundo interior estava ainda repleto de vaidades, orgulho e ilusões, mesmo com uma ainda frágil conscientização do meu "eu divino" e de tudo que ele possa conter.

"Somente um tipo de sucesso é de fato relevante: aquele que alcançamos quando transformamos a nós mesmos, quando modificamos a nossa angústia, o nosso medo e a nossa raiva. Esse é o tipo de sucesso, o tipo de poder que trará benefícios para nós e para os outros sem causar nenhum dano." *(A arte do poder*, de Thich Nhat Hanh, editora Rocco)

Tempos estranhos, difíceis, decisivos

Aconteceu em uma noite muito fria do inverno, em julho de 2017. Fui assistir a um recital de violão e canto em São José dos Campos, São Paulo. Gostei tanto que, em alguns momentos, consegui esquecer meus conflitos internos, medos e preocupações. Naquele mesmo dia, de manhã, eu internara num hospital psiquiátrico uma pessoa da família. No recital, "relaxei" um pouco, afinal, neste mundo tão confuso e doentio em que vivemos, internar numa clínica para dependentes químicos uma pessoa muito querida não é algo tão raro assim. No entanto, quando acontece conosco, a energia se transforma. A aceitação não é tão fácil.

Ao chegar na minha casa sem aquela pessoa, senti um enorme vazio na alma e no coração. Naquele momento, me lembrei de outras pessoas da família que também poderiam, ou deveriam, estar na mesma clínica. Talvez sejam dependentes "ainda crônicos", não completamente doentios, tudo ainda permitido e até aprovado pela sociedade em que vivemos. Bebidas alcoólicas e cigarros, por exemplo, são hábitos quase sempre aceitos na sociedade atual. Será que é possível um controle autêntico destas tendências, desta inclinação aos vícios que tanto mal nos causa?

Pensei em convidar as pessoas da família para irem comigo às palestras daquela clínica. Talvez não fosse exatamente uma boa ideia; afinal, nenhuma delas acredita que possa estar realmente precisando. Na verdade, bebidas e cigarros são não apenas socialmente permitidos mas até incentivados, especialmente as bebidas alcoólicas. Com o cigarro, o incentivo é bem menor, parece que no mundo atual os males físicos do cigarro são conhecidos e finalmente temidos.

Enfim, ao sair daquele recital, com tantos jovens talentos, pessoas sensíveis, como são todos que se dedicam à música, percebi que o frio continuava, e bem mais forte, e que meus conflitos continuavam a me envolver. Consegui acalmá-los com doses de confiança, otimismo e uma intensa "sensibilidade espiritual" para enfrentar melhor toda a situação. Bem ou mal, dentro do tempo necessário, tudo certamente seria resolvido.

"Preciso aprender a viver o momento", foi o que pensei enquanto ouvia as músicas bonitas, algumas muito bem executadas naquela noite. Reflito sobre as situações que vivemos todos os dias, neste nosso planeta ainda tão conturbado, envolvido em mentiras, roubos, crimes, fraudes e erros de todos os tipos. Afinal, por que chegamos a este ponto? Por que nossos problemas e conflitos pessoais/familiares existem assim, tão intensos e quase sempre repetitivos?

Além disso, o me preocupa e angustia bastante é toda esta divisão (polarização) que ainda acontece no meu país. Pessoas inteligentes, que eu amo e respeito, simplesmente não acreditam nos mesmos caminhos para a recuperação do país, para o fim da crise econômica, moral e política que nos envolve há alguns anos. O conhecimento espiritual em uma fase de crise político-econômica como esta e a aceitação das leis cósmicas (ação e reação, vidas passadas, decisões erradas) podem ajudar bastante. Tudo pode ficar mais claro e compreensível, até mesmo os aspectos contraditórios e doentios que ainda persistem em milhões de pessoas apegadas a suas crenças radicais. Ainda assim, mesmo acreditando que tudo vai mudar, vai melhorar, o sofrimento que esta situação vem trazendo pode continuar muito forte. Grande número de pessoas pensam muito mais nos seus próprios interesses, e não no bem maior, para o país, para a humanidade, para toda a sociedade, principalmente para os mais pobres, aqueles que sempre são os mais prejudicados em todas estas crises.

Estamos vivendo dias de muita ansiedade e preocupação, embora existam os "deslumbrados felizes" que acreditam que não é nada disso. Cedo ou tarde, todos precisaremos enfrentar um aprendizado mais difícil, até que tenhamos entendido o que realmente é preciso mudar.

São tempos decisivos! Dramáticos, repletos de enganos, vaidades, extremos apegos ao poder e a todo o dinheiro que ele traz. No entanto, é também a nossa maior chance de aprender, de recomeçar a busca por uma autêntica sabedoria, paz profunda, equilíbrio emocional. Não podemos desperdiçar esta chance. Nela, uma grande parte da humanidade também está envolvida. Muitos têm plena consciência disso, outros sequer pensam no assunto. Cada um de nós está em busca de sua própria transformação interior, partindo sempre de um ponto de partida diferente, no seu caminho, no percurso que já foi trilhado.

Deus, Pai Criador, ao lado de Mestres, Arcanjos e Anjos, está sempre ao nosso lado nesta busca contínua, e sem tréguas, de um novo mundo para a humanidade da Terra, para cada um de nós. Um dia, certamente, aprenderemos a contar com eles. Sem fanatismos, sem tantas crenças e dogmas, reconquistando a intuição divina, o "olhar da alma", a compreensão metafísica e cósmica de nós mesmos e de todo este Universo.

Uma nova espiritualidade para almas tão antigas!

Nossas almas são antigas, nossas vidas já aconteceram em muitas outras dimensões, outros mundos, nas mais diversas regiões do planeta, culturas diferentes, estilos de vida, opções pessoais, sentimentais, profissionais de todos os tipos.

Quem somos nós neste exato momento, nesta fase tão especial em que a Terra se prepara para a Grande Transformação? Somos espíritas, kardecistas? Somos esotéricos, estudiosos dos Mestres Ascensos (Grande Fraternidade Branca), Arcanjos e Anjos? Ou ainda, estamos completamente envolvidos e talvez até mesmo "sintonizados" com mestres e mentores de outras dimensões, outros mundos que sequer imaginamos onde ficam? Aprendemos, confiamos, trabalhamos e evoluímos sempre buscando uma sintonia com nossos mentores espirituais, com os Mestres, Anjos e seres extraterrestres? Ou não acreditamos em nada disso, mas ainda assim continuamos evoluindo e nos aperfeiçoando interiormente, apoiados nas nossas verdades pessoais, às vezes mais filosóficas, científicas e intelectuais? Seja como for, estamos sempre ajudando, colaborando e socorrendo onde for necessário, e isso é sempre o mais importante!

A Nova Espiritualidade, que parece envolver uma grande parte dos "buscadores da Luz", significa um preparo individual, corajoso e ao mesmo tempo humilde, ousado e também cauteloso, para assumir a própria verdade, quase sempre arduamente conquistada. A partir desta conquista da própria luz, tantas vezes destruída, não podem existir dogmas e crenças do mundo exterior que nada mais consigam dizer à alma e ao coração. Não pode mais existir o medo do desconhecido nem a fuga consciente para um mundo de conceitos e verdades mais tranquilas, antigas e confortáveis.

Escolhas e opções para aprender e evoluir nem sempre serão tão confortáveis e poderão trazer descobertas novas a cada momento. Algumas delas muito bem-vindas, felizes e iluminadas. Outras mais difíceis, repletas de desafios e conflitos.

A Nova Espiritualidade nesta Nova Era que nasce nos pede uma coragem diferente, uma sabedoria tão plena e verdadeira que não precisa ser dividida, tampouco compreendida por outros. Entre em contato consigo mesmo e descubra a sua verdade maior. Quando isto acontecer, a paz e a harmonia interior serão conquistas verdadeiras, na alma e no coração. A solidão será uma bênção, um momento profundo e sereno de recompensa e gratidão.

Frio de primavera, uma nova fase na paisagem do mundo interior

Dezembro de 2017. Ainda nos primeiros dias deste mês, o verão quase chegando. A primavera trouxe um pouco de frio, algo bem raro aqui em São Paulo. As noites têm aquele ventinho gelado, nem sei como as flores resistem. Mas elas resistem e sempre aparecem até mesmo nos lugares mais difíceis, no meio de toda a correria do Natal, que está próximo. Vou vivendo estes dias de toda esta correria das comemorações do nascimento do Mestre Jesus.

Já próximo às festas de Ano-Novo, o calor é intenso, naquele estilo de verão tropical. Tantos anos morando em São Paulo, sempre me surpreendo com o quanto esta cidade foi se tornando extremamente quente, o que antes não acontecia.

"Lembrar o passado não resolve absolutamente nada", é assim que tento pensar e sentir nestes dias tão quentes, lembrando agora, com alguma saudade dos dias mais frios de uma *Estranha Primavera*, nome de um livro meu, editado pela saudosa Maltese, com muitas vendas na época!

Mas, neste ano de 2017, tivemos, sim, uma primavera bem mais fria. No entanto, isso não impediu as flores de surgirem lindas e perfeitas em muitos cantos da cidade. Tudo isso passou e o "calorão" finalmente chegou.

As noites agora são quentes e abafadas, e as flores seguem resistindo. Eu me lembro, mais uma vez voltando ao passado, das flores que eu colocava na minha casa, quase todas as semanas, e que envolviam o apartamento em toda uma energia de beleza, encantamento e alegria. Percebo que atualmente tenho colocado muito pouco estas flores por preguiça, desânimo e várias razões.

Neste momento da minha vida, meu Projeto de Alma me parece essencialmente doloroso, exigindo sacrifícios, aceitação, exigindo muito de mim mesma, sem mentiras nem ilusões; enfim, uma verdadeira humildade.

Tantos anos se passaram sem que eu entendesse o que realmente significa a humildade, e como ela pode mudar nossas vidas, traçar rumos diferentes para que possamos conquistar as metas maiores, o sentido verdadeiro de nossa passagem aqui pela Terra. O ego se corrige, aprende a ouvir, a entender sem julgar, a socorrer sem criticar. Vamos aprendendo com nossos próprios erros, com nossa "onipotência", que mais cedo ou mais tarde se desfaz.

Tenho buscado ficar em silêncio com meus pensamentos e sensações, talvez tentar ouvir mais. Às vezes, ainda "falo demais" e me culpo bastante por isso; afinal, quem sou eu para ensinar, para tentar orientar, ajudar e socorrer uma pessoa que ainda não está preparada para isso? Ou será que está? Talvez esteja muito mais preparada do que eu. Aprendi e ainda estou aprendendo a respeitar a fase que outra pessoa possa estar vivendo sem criticar, sem comparações com meus próprios pensamentos, com minhas próprias experiências. Respeito todas as fases. Perder um grande amor, por exemplo, certamente é algo que dói muito, sejam quais forem os motivos! Talvez você nunca tenha vivenciado isso, precisa ter empatia pelo sofrimento de quem possa estar passando por isto. É um caminho, provavelmente, para a "cura do coração".

Lembro-me de uma frase numa aula de Yoga: "**Não retire as pessoas de onde elas estão; ajude-as onde elas estão**" (Dalai Lama). Ou seja, os caminhos são tantos; as pessoas seguem aqueles que mais se identificam com suas vidas, até mesmo com suas "vidas passadas", e especialmente com seus desequilíbrios emocionais, sentimentos e sensações no momento atual. Ou seja, com aquilo que estejam realmente vivendo naquele momento.

"Somente o compromisso com o caminho pode trazer a verdadeira transformação", outra frase tão verdadeira que ouvi na aula de Yoga, ela faz parte dos muitos ensinamentos de um grande mestre Yoguim. A Yoga sempre me ajudou muito, pode ajudar você também.

Por experiência própria, indico a Hatha Yoga, mas existem muitas outras maneiras de praticar e de viver a filosofia, os ensinamentos da Yoga. Procure por eles, procure ler algum livro do grande mestre e filósofo Yogananda; vai aprender e se emocionar muito com este livro. O livro nos faz caminhar por maravilhosas, misteriosas ou mesmo milagrosas e místicas regiões da Índia e dos seguidores da Yoga e deste grande mestre indiano.

7. O Projeto da Alma, a mais importante e "emocionante" aventura para ser vivenciada no planeta terra

"Quando nossa consciência se abre para a Luz e para o Amor da Alma, tudo em nossa vida ganha uma nova perspectiva. A Luz revela tudo que ainda possa estar obscuro e duvidoso em nossas mentes. A presença do Amor dissolve o medo e nos protege, ao mesmo tempo que se irradia para tudo e todos à nossa volta." (*Meditando com os Anjos*, de Sonia Café)

A Cura do Coração: um depoimento pessoal

17 de janeiro de 2018. Estou em São Paulo, num dia muito quente de verão. Metrô em greve, ônibus superlotados, pessoas e carros se espremendo nas ruas, lutando heroicamente para chegar a algum lugar, trabalhar, assistir a um filme, ir ao médico, visitar a mãe, visitar o filho.

Estou agora dentro de um carro com parte da minha família tentando chegar ao médico. É uma consulta do meu filho com o psiquiatra que trata dele há mais de dez anos. Nada de grave por enquanto; há alguns anos eu não diria o mesmo. Neste momento, pelo menos aqui e agora, tudo parece sob controle. Com quase duas horas de atraso, conseguimos chegar ao consultório. O médico nos esperou, ele compreendeu: "Afinal, vocês vêm de uma outra cidade, eu só tenho mesmo que esperar".

De fato, nós viemos de uma outra cidade, onde eu estou morando agora, desde que resolvi não mais aguentar o ritmo, a loucura, o cansaço, o trânsito insuportável da vida cotidiana numa grande cidade, a maior do Brasil, aliás.

Hoje, me questiono muito se valeu a pena, se foi este realmente o maior motivo da mudança. E, se foi mesmo, tornou-se compensador? Respostas existem e quase sempre são muitas. Acredito que a mais verdadeira ainda não descobri. Há de existir uma razão maior, uma ilusão mais intensa, e não conscientizada, em tudo aquilo que decidimos. De repente podemos descobrir que não foi bom, que nada deu certo.

Curar o coração tem muito a ver com toda esta busca sem fim, esta análise e suas conclusões, às vezes dolorosas e angustiantes, "por que decidi isto, por que naquele momento acreditei tanto que ia dar certo?" As fragilidades emocionais nem sempre podem ser racionalizadas, a compreensão espiritual é sempre necessária, evitando tentar resolvê-las com mudanças radicais e impulsivas.

A resposta verdadeira há de aparecer, seja qual for a situação ou a decisão que você está questionando. Se ela aparecer ainda que em nuances de sensibilidade e intuição, os caminhos para a cura estão traçados, resta percorrê-los com uma coragem renovada. O autoconhecimento é um caminho longo, de muitas vidas, por isso que tantas e tantas vezes podemos tomar decisões erradas. Na verdade, muito pouco sabemos sobre aquilo que realmente precisamos naquele momento.

O que realmente sinto neste momento? Sinto um coração cansado – muitas vezes eu o sinto assim. Acontece até mesmo uma espécie de "falta de ar" muito rápida, felizmente logo fico bem. Talvez tenha a ver com a minha idade, mas não sou tão velha. Na verdade, nas notícias de jornais ou revistas, o termo que me definiria seria, com certeza, "idosa". Respiro mais forte, com calma e tranquilidade, e volto a me sentir bem, curtindo no silêncio e na solidão do meu quarto a cidade tão gigantesca e congestionada de onde saí um dia. Os exercícios respiratórios me ajudam a relaxar. A meditação principalmente. As ideias ficam mais claras, intuições podem surgir, ainda que possam perturbar ainda mais o "relaxamento" conquistado.

Quantas vezes abandonei cidades em outras vidas? Abandonei um filho ou mesmo uma família? Quem sabe um grande amor? Em outras vidas, é sempre possível encontrar muitas respostas, entendendo situações difíceis que, naquela época, em outro século, talvez, dificilmente eram compreendidas e analisadas com equilíbrio e coerência. Muitas vezes, não eram mesmo resolvidas. Por isso mesmo voltamos agora para uma nova vida, para entender e aprender o mais importante, e que ainda não foi conquistado.

Talvez as situações que vivemos um dia não sejam mais tão difíceis nem tragam os conflitos inexplicáveis que outrora trouxeram. De qualquer maneira, parece que, quase sempre, repetimos o enredo, quase igual. Será possível isso? Sim, é possível, e muitos de nós já sabem disso, já perceberam estas "repetições", quase sempre percebidas tarde demais, trazendo às vezes as mesmas consequências. E assim vamos seguindo... Arrependimentos cotidianos sem consequências. E outros que insistem, entristecem, podem se tornar verdadeiras muralhas de pedra ao nosso redor, impedindo a alegria e a paz.

A paz interior e em todo o planeta Terra

Conflitos sempre existirão, conscientizados ou não, assim como as "dores do coração", as fases difíceis de nossa vida aqui na Terra. Algumas decisões são importantes, e no dia a dia elas surgem, em todos os níveis da existência, sem que se importem se estamos ou não preparados ou se estamos de fato vivenciando a "paz interior necessária" para esta ou aquela decisão mudar algo, transformar uma situação. Refletir sobre isso é algo que realmente precisamos conseguir.

É fundamental desenvolver a capacidade de analisar, colocar as emoções no lugar certo, sem deixar que tomem conta da nossa capacidade de análise, de racionalidade, nesta ou naquela situação, diante de problemas variados que pedem solução. Isso precisa ser conquistado no nosso universo pessoal, ainda que possa prejudicar a paz finalmente conquistada. Conquistar e vivenciar a paz interior que desejamos não pode significar "fugir dos problemas ou mesmo adiar sistematicamente as decisões que precisam ser tomadas".

O importante é não se "acomodar" nunca, esperando que com a idade mais avançada possamos aprender a pensar, resolver e decidir. Os problemas hão de existir sempre, para isso estamos aqui, neste planeta, aprendendo a viver, em busca da evolução espiritual.

A conscientização deste ideal e de todos os benefícios que ele traz vai nos ajudar a construir a paz também em todo o nosso planeta. Esta bênção maravilhosa e tão urgente poderá ser a nossa maior recompensa. Descubra os melhores caminhos nos livros, nos cursos, na prática do relaxamento e da meditação. Descubra as terapias ideais "para o seu caso", fazendo isso com coragem, persistência e acreditando sempre na sua intuição.

Seja lá como for, eu lhe aconselho não viver uma existência mentirosa, colocando as aparências no lugar da verdade que mais toca seu coração. É preciso enfrentar as dores e tristezas, assim como as conquistas e vitórias desta "verdade interior".

As "decisões da alma" só podem acontecer se você compreende, cultiva e atua na dimensão espiritual da qual faz parte, ainda neste corpo físico, reencarnado neste planeta. Apenas aprendendo a viver em sintonia com a "dimensão espiritual" de nossa passagem pela Terra é possível enxergar e realmente acreditar no caminho a ser trilhado, ideal e único para cada um de nós, assim como esta autêntica sintonia poderá trazer uma compreensão maior sobre conflitos, desequilíbrios emocionais e contradições desta nossa passagem pela Terra.

"Eu sou o mais puro e radiante desígnio divino do meu ser. Eu sou e estou vivendo agora a plenitude da minha missão." (Arcanjo Gabriel, canalização de Elizabeth C. Prophet)

É preciso entender e viver todos os dias o significado destas frases. Elas foram canalizadas por uma grande médium e escritora, muito respeitada no mundo inteiro. Ela foi uma das fundadoras e diretoras da Summit Lighthouse, escola filosófica/mística que existe em todo o nosso planeta, com milhares de seguidores.

Sobre a reencarnação: uma tentativa de explicar e entender

Este é um tema que desperta curiosidade e interesse em um enorme número de pessoas. Nos estudos da Ordem Rosacruz existe uma variedade de textos e artigos sobre o tema, sem que isso possa obrigar ninguém a acreditar ou não. Antes de expor aqui alguns aspectos importantes sobre "nossas outras vidas", transcrevo um pequeno trecho sobre a reencarnação, de autoria do escritor André Pezzani (1818-1877). Este trecho faz parte de um artigo maior que recebi junto com meus estudos na Ordem Rosacruz:

"Sem a crença nas vidas anteriores e na preexistência da alma, nada se explica, nem a vinda de uma nova alma para este mundo terreno, nem os males que a afligem, nem a divisão desproporcional das riquezas, nem a desigualdade das inteligências e da moralidade. Sem esta crença, a justiça de Deus desapareceria no monstruoso fantasma do acaso. Entretanto se admitirmos a preexistência da alma, o dogma do pecado original luzirá com todo o seu brilho, pois este pecado torna-se então o resultado das faltas pessoais de que a alma deve se purificar. A preexistência da alma, já admitida no passado, concatena logicamente a pluralidade das existências sucessivas no futuro, para todas as almas que não chegaram ao objetivo e ainda tem manchas a serem removidas."

Analisando e tentando compreender um texto como este, sem preconceitos, sem radicalismos religiosos, vamos caminhando em direção ao entendimento. Podemos chamar de "caminhando" porque aceitar ou não a reencarnação, as leis de causa e efeito, coerentes e lógicas com a experiência humana na Terra, é algo que vai acontecendo aos poucos, às vezes com mais intensidade. Não acontece subitamente um grande e profundo entendimento e aceitação sobre estas leis e sobre nossas vidas passadas.

Conhecer, estudar e aceitar as leis cósmicas que definem e explicam nossas "outras vidas" como essenciais para a evolução espiritual é algo relacionado com as "dores do coração", ou seja, com os nossos potenciais, concretizados ou não, **de atrair e resolver nas nossas próprias vidas atuais, problemas, conflitos e desequilíbrios que já foram vivenciados em outras existências.** Eles se repetem, mas podem ser compreendidos e curados.

Nossos desequilíbrios emocionais, atitudes errôneas e tendências prejudiciais que nos trouxeram experiências difíceis e às vezes dolorosas nesta vida não surgiram de repente no nosso mundo mental-emocional como potenciais (atitudes, tendências) para se realizarem ou não. São potenciais que se concretizam no momento ideal, para nos ajudarem ou não a conquistar as mais verdadeiras vitórias, projetos pessoais, descobrir e trilhar este ou aquele caminho.

Isso não significa que o fato de existirem estes potenciais, criados e cultivados em outras vidas, nos liberta da responsabilidade com eles, aqui e agora, neste planeta. Apenas pode acontecer o mais necessário: nós os compreendemos e finalmente buscamos as melhores maneiras de aperfeiçoar nosso mundo interior, descobrindo as fragilidades psíquico-emocionais que nos trazem a involução espiritual e os desequilíbrios emocionais, conflitos e frustrações. Pode ser o ponto de partida ideal para o tratamento e a cura.

Se esta compreensão acontecer, a responsabilidade pode até mesmo aumentar, sem mais culpar outras pessoas ou mesmo situações de nossas existências que causaram tristezas, arrependimentos e mágoas. Tudo que existe e que se manifesta no universo psíquico-emocional foi criado, cultivado dentro de nós, no nosso "microcosmo" em centenas, milhares de vidas nesta ou em outras dimensões.

Que a coragem e a humildade para um eterno aprendizado sejam nossas companheiras para a conquista do autoconhecimento e da evolução espiritual nesta nossa vida na Terra. Por isto mesmo estamos, aqui e agora, neste planeta, nesta tão importante caminhada em direção à sabedoria, ao amor incondicional e ao desenvolvimento do nosso "eu divino". E desta vez não vamos falhar.

"Muitos são chamados, mas poucos escolhidos" – Causas espirituais das tragédias do mundo moderno

Primavera de 2018, a noite estava muito quente. No auditório do Centro Espírita Colmeia (São Jose dos Campos, SP), o ar refrigerado resolvia muito bem todo o desconforto daquele calor. Enquanto ouvíamos músicas e canções maravilhosas alternadas com ensinamentos do Evangelho (de acordo com a doutrina de Allan Kardec), a sensação de paz interior, bem-estar e gratidão acontecia. Um público interessado e atento se fazia presente.

De repente, naquelas interpretações e análises das palavras do Mestre Jesus, a frase: "Muitos são chamados, mas poucos escolhidos". É quase impossível não dar a esta frase toda a verdade que ela contém, especialmente para aqueles que possuem o potencial da "mediunidade". Estes certamente sentem e compreendem melhor a verdade destas palavras de Jesus.

Todos já sabemos e conhecemos algo a respeito da afirmação de que "todos nós somos médiuns", uns com mais intensidade, outros mais suaves. No entanto, o que precisamos perceber em todos estes processos de "busca espiritual" no mundo atual é que um número considerável destes médiuns está envolvido na comercialização destes "recursos espirituais".

Assistimos e muitas vezes somos beneficiados com um enorme número de pessoas que desenvolvem atividades e atendimentos remunerados em todo este processo da chamada "Nova Era". Técnicas e mais técnicas aparecem por todos os lados, desenvolvidas por pessoas mais sensíveis, "médiuns" que assim trabalham e assim exteriorizam e vivem a enorme sensibilidade que possuem. Muitos destes terapeutas e trabalhadores têm, de fato, uma grande sensibilidade, mediunidade e intuição. As curas podem mesmo acontecer. Contudo, é importante tomar alguns cuidados com estas situações, principalmente quando os preços forem muito altos, exorbitantes para consultas ou para o auxílio/cura espiritual.

Será esse o caminho ideal para nossa busca secular do desenvolvimento espiritual, da sintonia com Deus e os Mestres? Em que medida tudo isso serve para cada um de nós em uma busca pessoal de equilíbrio emocional, saúde e evolução espiritual? Nossos carmas, problemas, desequilíbrios e dores mais antigas estão de fato sendo tratados? Deixo aqui esses questionamentos para vocês meditarem sobre todo este processo.

Pergunto ainda: por que será que um grande número de médiuns, conscientes ou inconscientes, parece encontrar dificuldades em seguir o caminho da mais autêntica caridade e do desenvolvimento mediúnico sempre ao lado da "reforma íntima"? Estas dificuldades existem e me parecem bastante emocionais, e também, de alguma maneira, dificuldades financeiras.

Para compreender melhor tudo isso, é importante conhecer pessoas que vivem seus transtornos mentais/psíquicos/emocionais e tentar entender as causas espirituais que quase sempre existem nestas doenças e transtornos.

Enquanto esse entendimento ainda não acontece neste nosso tão próspero e agitado mundo moderno, problemas e tragédias surgem por todos os lados. Surtos psicóticos, como são chamados, mas que também podem ser obsessores espirituais agindo na mente e nas emoções, continuam a acontecer.

Tragédias familiares, mortes, crimes incompreensíveis diante de tantas brutalidades do ser humano podem ser obsessores espirituais, inimigos de "muitas outras vidas". Eles podem construir, nas dimensões espirituais, processos de verdadeira crueldade, tentando se vingar dos possíveis danos sofridos. Muitos destes médiuns se tornam prisioneiros destes processos que podem se arrastar por toda uma existência.

Trago essas palavras para você refletir e compreender o quão importante é a Medicina Espiritual no mundo atual. Se também "foi chamado" e não está conseguindo seguir a voz interior para trabalhar, para servir, para aprender a amar, também "foi chamado e não será escolhido", pois não está permitindo que isso aconteça.

Ao sair de mais uma reunião daquele tão agradável e iluminado centro espírita, a noite de primavera não me pareceu mais tão quente e abafada. Um novo ar invadia a atmosfera, um aroma suave de rosas parecia existir por toda a parte e a imagem do Mestre Jesus há muito tempo não estava assim, tão próxima de mim.

"Nem todos aqueles que Me dizem 'Senhor, Senhor!' entrarão no Reino dos Céus, mas só aqueles que fizerem a vontade de Meu Pai, que está nos Céus."

No final (ou início) de mais um ciclo

Num destes dias mais difíceis, com angústias na alma e no coração, resolvi desabafar pelo WhatsApp com uma amiga muito querida, porque pelo telefone ou mesmo pessoalmente não se consegue. Eu disse para ela que estava muito chateada, inclusive naquele dia, um feriado, na cidade onde eu estava morando. Ela me respondeu, já na despedida: "Então tá, tudo de bom pra você, aproveite bem o feriadão!"

É claro que ela não percebeu, não se interessou por nada que eu falara, acho que sequer prestou atenção, certamente estava envolvida nos seus próprios problemas e na sua própria solidão. Este tipo de reação diante de meu desabafo não me abalou, acho que já esperava por algo assim.

Coloquei essas e outras considerações sobre a solidão e a indiferença da maioria das pessoas com aquilo que estamos sentindo em um texto no Facebook. Alguns comentaram, outros curtiram. "Curtir" uma matéria sobre a solidão tem, para mim, um estranho significado. Não sei se estas pessoas conseguiram de fato entender e sentir o que eu escrevi naquele texto. Certamente muitos leram, mais de três mil pessoas, conforme constatei, e aproximadamente cinquenta compartilharam. Era um texto mais verdadeiro, sem mentiras, sem ilusões. Nem todos estão preparados, nem para entender, para se aprofundar no tema, tampouco para compartilhar.

Mexer nas feridas da alma e do coração é sempre difícil. E acredito que são muitos que não têm coragem para tanto, sequer querem ler sobre o tema, e menos ainda "compartilhar". Preferem esconder estas dores, mágoas e frustrações numa espécie de otimismo forçado e insistente, repleto de mentiras e ilusões.

Tirando o Facebook da história e voltando ao nosso livro, acredito que a solidão, a sensação de solidão é nossa angústia maior, aparentemente sem solução, pelo menos sem uma solução imediata, como gostaríamos.

Como será que os Mestres, Arcanjos e Anjos estão analisando essa solidão? Vamos pensar, refletir um pouco sobre os aspectos mais cósmicos da nossa passagem pela Terra.

Ao refletirmos, a solidão vai tomando um outro caminho, ou seja, nunca estamos sós, tão completamente sós quanto imaginamos estar quando nos sentimos assim. De fato, esta solidão não existe.

Diante daquela resposta indiferente da minha amiga, fui em busca do auxílio espiritual, da paz interior, por meio de uma prece sincera, repleta de boas (mas também tristes) emoções, com meus mentores espirituais.

Era um dia diferente, especial, um eclipse lunar aconteceu, aproximadamente às 18 horas. A energia e as emoções se tornaram mais acentuadas. Naquele momento, um novo portal se abrira para aqueles que queriam e precisavam pedir, desabafar com os Mestres e com os Anjos em busca de auxílio, compreensão e cura.

Acendi uma vela branca e um incenso. Arrumei meu pequeno altar e nele coloquei uma cartinha com meus pedidos, minhas dores, minha tristeza e minha solidão. Escrevi para os Anjos do Amor, Arcanjo Chamuel, Arqueia Caridade e também para o Arcanjo Miguel e Arqueia Fé, em nome de Deus, Mestre Jesus Cristo, Mestre El Morya e Mestre Paulo Veneziano.

Os resultados vieram logo. A sensação de dor e de abandono logo se dissipou. Respirei mais aliviada, tirando das minhas costas todo o peso dos meus mais de setenta anos, angústias e preocupações daquele momento que eu vivia.

Sinto que um novo dia começa a nascer. Uma paz diferente que aos poucos vai se tornando mais real e presente na vida de todos os dias. Se você também está sentindo isso da mesma maneira, se também foi em busca da luz, do amor e do auxílio espiritual neste momento de solidão, acredito que está no mais verdadeiro caminho para "nascer de novo". Nesta vida, aqui e agora.

"Venham a Mim, disse Jesus, todos os que estão sofrendo e que se acham sobrecarregados, que Eu os aliviarei. Aceitem o meu jugo e aprendam comigo, que sou manso e humilde de coração, e assim encontrarão o repouso para suas almas. Porque meu jugo é suave e meu fardo é leve."

8. Sobre a fase tão longa e desesperadora da pandemia do coronavírus

"**Quarta-feira, 11 de março de 2020.** No horário oficial de Brasília, 13:26. Pela rede social Twitter, a Organização Mundial de Saúde declara que o mundo está sob uma pandemia, causada por um novo tipo de coronavírus. Naquele momento, a doença estava em 110 países, inclusive no Brasil, e já havia afetado 118 mil pessoas.

O que viria pela frente marcaria a sociedade planetária ao longo de muitos meses, um ano, dois. Com o passar do tempo, a ciência e a saúde ganhariam todos os holofotes, principalmente entre aqueles que, desde o início, encararam a seriedade do problema. Desde a gripe espanhola, há mais de cem anos, o mundo não assistia algo parecido.

Os desdobramentos em vários setores da economia vão durar anos. Contudo, a gravidade da crise econômica também fez muitas pessoas descobrirem novos caminhos e muitas profissões inusitadas.

As sequelas na educação, em que as crianças tiveram que trocar a alegria das amizades escolares pela tristeza do mundo 100% virtual, poderão marcar toda uma geração. Médicos, enfermeiros e demais profissionais de saúde foram muito atingidos, na linha de frente do combate à doença.

Milhões de estudantes, sem acesso à internet, ficaram totalmente fora das rotinas normais do aprendizado para obtenção de mais conhecimento."

Apesar de ser clichê a frase "o mundo nunca mais será o mesmo", esta foi uma das conclusões do texto acima, extraído do jornal *O Estado de S. Paulo*, de 11 de setembro de 2020.

Neste trecho de frases e notícias de um jornal paulistano, faltou algo muito importante: a solidariedade, o verdadeiro amor cristão que se desenvolveu entre a sociedade, ONGs, empresários, pessoas comuns, das mais pobres às mais ricas, empresas pequenas, médias e muito grandes. Todos aqueles que podiam, que tinham condições materiais (às vezes nem isso) se uniram, responderam ao chamado para viver e atuar de acordo com os princípios fundamentais da Caridade, da Compaixão e do Amor Incondicional.

Um dia qualquer deste outono: esperanças e sonhos adormecidos num coração inquieto e numa alma angustiada

Meu Misticismo – a minha Fé em Deus e nos processos cósmicos/divinos – sempre me salvou, em muitas situações. Misturado com uma forte dose de realismo e racionalidade, tudo parece ficar mais claro e fácil de aceitar. Isso tem acontecido comigo há décadas. Agora, mais uma vez, o Misticismo precisou me ajudar a suportar, enfrentar todos estes dias do "coronavírus", uma espécie de gripe, muito mais séria, mortal, que invadiu a Terra nos primeiros meses de 2020.

Nesta época, estava em São Paulo, capital, uma cidade mais afetada do que as outras. Sofri muito, como jamais acreditei que poderia acontecer, tampouco acreditei que iria suportar, mas suportei, com sequelas, cicatrizes mais difíceis de serem camufladas, mas suportei!

Neste outono de março de 2020, com o clima um pouco mais equilibrado, um friozinho nas noites e nas manhãs, os textos que me chegam pelas redes sociais me deixam desanimada, pouco estão me servindo nestes momentos. Não consigo encontrar a palavra ideal, a explicação, o consolo, os melhores caminhos para ajudar as pessoas, e eu mesma, a enfrentar tudo isso. Este isolamento, esta falta total de movimento nas nossas vidas diárias, esta ausência de atividades profissionais, sociais, culturais, familiares, sexuais, enfim, um verdadeiro horror o que está acontecendo por isso!

O que eu sinto mesmo é um grande desânimo diante desta "quarentena" decretada praticamente em todo o país. Ela já dura muitos dias, semanas. Durará meses? Não temos a exata noção de quando vai terminar. O vírus (novo coronavírus), que parece ter se originado na China, ataca todos os países do mundo sem distinção de classe social.

Em alguns países, a situação vai se tornando dia a dia mais dramática. Aqui no Brasil, um grande número de pessoas está morrendo na porta dos hospitais, que não conseguem mais tratar, encaminhar para uma UTI. Às vezes, estes doentes morrem na própria ambulância, durante horas ou dias esperando um leito naquele hospital. Para mim, é muito difícil conter as lágrimas quando rezo por estas pessoas. Procuro aceitar, me conformar com esta fase tão terrível, vê-la como necessária para evoluir e, principalmente, para aprender a amar.

E com toda a dose de realismo e esperança que ainda me resta, tenho feito o possível para não me entregar. Consegui ler um livro, de quase 400 páginas. Gostei bastante. Leio os jornais todos os dias, assisto a muita TV, como nunca, faço alguns pequenos ou maiores serviços domésticos sem reclamar, até mesmo com uma certa alegria por ter o que fazer.

Os finais de semana são terríveis. Na verdade, sem poder sair de casa, sem atividades profissionais, sem contato com familiares ou atividades sociais, culturais, de lazer, todos os dias são iguais. Quando acordo de manhã e percebo que é mais uma sexta-feira, fico angustiada. O final de semana é um horror!

Além disso, me preocupo e sofro com a situação de São Paulo, uma cidade que amo muito. Neste exato momento não estou lá, estou numa cidade do interior. E fico o tempo todo pensando "que poderia, que deveria, que queria muito" estar em São Paulo. Meu filho mais velho está lá, tentando de todas as formas sobreviver profissionalmente, sem doenças, sem o vírus. Para ele o importante é viver e trabalhar na cidade de que gosta tanto, apesar de todo aquele deserto em que as ruas se transformaram. Rezo muito por ele, com um medo enorme que o vírus chegue nele. Felizmente, tenho muita fé e confiança, a maior possível, de que isso não vai acontecer.

Sem conseguir evitar, todos os dias sofro bastante, e assim vai continuar em toda esta longa temporada da "quarentena", que nenhum de nós jamais esquecerá. Sofrimento intenso todos os dias. Ao ver na TV e nos jornais pessoas amontoadas, abandonadas, passando fome. No outono que estamos vivendo e mais ainda no inverno, elas vão passar frio. Isso me toca profundamente.

Chamando, rezando e pedindo para Arcanjos e Anjos cura, atendimento médico-hospitalar, alimentos e abrigo aos pobres e miseráveis deste país e de todo o planeta

Peço sempre aos anjos que inspirem pessoas mais preparadas, inclusive financeiramente, para que ajudem estas pessoas de todas as formas possíveis. Meu sofrimento é imenso, porque neste momento nada posso fazer. Sou considerada do "grupo de risco", não posso ser contaminada, porque a situação seria pior, muito mais grave. Então, sequer posso sair de casa.

Na porta dos hospitais, os doentes se multiplicam. Isso tudo me parece inacreditável, apesar de tantos falarem que foi necessário, para conseguir que o planeta deixasse este nível espiritual/existencial de tanta ignorância espiritual, tanto egoísmo, vaidades e egos comandando nossas mentes e as situações que vivemos.

Nada pode ser feito ou discutido nestes momentos, sobre a situação política, dificuldades financeiras e fragilidades emocionais. O mais importante era cuidar dos doentes e enterrar os mortos, além de evitar que as pessoas sofram ainda mais com problemas mentais/emocionais, depressão, síndrome do pânico, ansiedades e outros problemas em vários níveis de manifestação. Um medo terrível de morrer parece envolver uma enorme parcela da humanidade.

Em uma matéria no Facebook pedi encarecidamente que as pessoas que podem ajudem estas pessoas. Espero ter tocado nos corações daqueles que ajudam, ajudam sempre, distribuindo alimentos, agasalhos, remédios, *kits* de higiene. Especialmente para um número enorme de pessoas que moram nas ruas.

Como jornalista, não posso ficar insensível, como a maioria de meus colegas. Eles passam a notícia desta situação com frieza, parece que têm ordem de controlar a emoção. Será? Não sei, talvez não consigam ser tocados naquele exato momento.

O atual Ministro da Saúde afirmou que "isto que estamos vivendo é pior do que a Primeira e a Segunda Guerra Mundial". Ele falou exatamente isso e, infelizmente, não exagerou. Estamos todos vivendo um momento de extremo sofrimento na Terra, tanto nos países menos desenvolvidos como também pessoalmente, nas nossas casas, com nossas angústias, ansiedade, solidão, e com o medo que todos nós temos deste "coronavírus", mais cientificamente chamado de covid-19.

Em todo este isolamento que tivemos que enfrentar, surgiu a chance, tão negada ou camuflada em muitas vidas, de entrar em contato com a própria dor. Isto aconteceu comigo e com as pessoas do mundo todo.

O que realmente significou entrar em contato com minha própria dor? Sem tantas ilusões do mundo exterior, aprendendo a enfrentar meus limites, minhas fragilidades emocionais, minhas carências, meus sonhos alimentados por vaidades e autoenganos de todos os tipos, enfim, tudo que eu venho construindo (e destruindo) há tantos anos. Até quando vai durar tudo isto? Eu me perguntava todos os dias.

"A cura do coração": seu mais verdadeiro projeto

Sozinha ou acompanhada de quem queira me ajudar, fui rezar no meu altar, diante da minha vela de sete dias, para Nossa Senhora do Perpétuo Socorro, foi a única que consegui comprar num supermercado aqui perto. Fui rezar para todos os muitos nomes que estão neste altar e também por toda a humanidade, pelo Brasil, especialmente. Pedi força interior, coragem e fé para enfrentarmos esta terrível crise.

Tornou-se muito importante para muitas pessoas controlar ou mesmo superar a ansiedade e a depressão. Traumas mentais, conflitos da vida sentimental e profissional vieram à tona. Alguns casamentos ficaram abalados durante todo este período, e uma das causas foi a convivência diária e muito próxima, trazendo problemas de todos os tipos.

"Que os Mestres, Arcanjos e Anjos nos ajudem e nos protejam", era o que os espiritualistas pediam diariamente, de acordo com suas crenças pessoais. Que tudo isso termine e não possa acontecer de novo, e que a Grande Mudança – no nosso mundo interior (microcosmos) – esteja realmente acontecendo, e que um dia isso se reflita em toda a Terra, ainda tão envolvida em desequilíbrios e doenças físicas, mentais, emocionais e espirituais.

"Viemos para a cura da Alma, da mente e do coração, sabendo que tudo o mais se seguirá à cura do corpo."
(Arcanjo Rafael, canalização de Elizabeth C. Prophet)

Março, abril, maio, junho de 2021 – a pandemia continua. O vírus continua contaminando milhões de pessoas no mundo inteiro. A situação do Brasil, assim como de muitos outros países do mundo, parece ser a pior: mais mortes todos os dias, aumento diário das pessoas contaminadas, falta de remédios, falta de oxigênio para os problemas respiratórios que o vírus desenvolve, falta de vacinas.

Em muitos países, no Brasil inclusive, existiam opiniões e atitudes contrárias a essas vacinas; por isso, uma grande parte da população não procurava por elas, baseada em crenças pessoais de muitas outras fontes de conhecimento. A situação acabava atingindo a todos, muitos se sentiam confusos e perdidos diante de tantas controvérsias e contradições.

Pessoalmente, fiquei bastante perdida perante tantas opiniões, mas escolhi tomar as vacinas contra a covid-19, com o mesmo medo de morrer de uma grande maioria da população. Felizmente, com o auxílio das preces e muita fé, na minha família foram poucos os que se contaminaram, e os efeitos foram leves, sem consequências maiores.

Curar o ego, curar a alma, curar a humanidade!

Precisamos curar os nossos egos, enfrentar a vaidade, o orgulho, a irresponsabilidade diante da grande evolução espiritual que precisamos empreender. Enfrentar tudo isso e nos prepararmos para uma autêntica cura.

O que está acontecendo na alma destes nossos irmãos, destes líderes que deveriam nos ajudar a evoluir, construir, progredir? Deveriam incentivar de várias maneiras a prática da solidariedade, da busca do bem comum, com consciência e urgência em toda a humanidade. Se refletirmos com mais profundidade, vamos concluir que estamos todos doentes e que nossos desequilíbrios emocionais, erros e a ignorância espiritual culminaram por atingir a saúde física também.

O que está acontecendo neste nosso país com todas estas ideologias, opiniões doentias e radicais, sem nenhum interesse real pelos nossos mais verdadeiros problemas? Parecem não estar preocupados com isso. A vaidade e uma ambição desmedida por riqueza e poder continuam a existir em todos os cantos do planeta.

Não vamos deixar que o desânimo destrua o mundo interior que já construímos. Nele, em vários formatos e cores, existe a paz, o desejo de aprender, ajudar e compreender. Certamente estamos caminhando para isso e muitos de nós, neste momento da história do planeta, estão se preparando para que estas conquistas aconteçam, e que isso se reflita no mundo exterior, amenizando o estágio de "involução espiritual" em que ainda nos encontramos.

A paz e o amor incondicionais podem transformar toda a "escuridão" moral e espiritual destas almas que nos lideram, decidem e comandam as guerras, a miséria e a injustiça social, sem nada fazer para mudar. Cedo ou tarde, o verdadeiro "despertar" chegará para cada uma destas pessoas. Uma renovada e curativa energia há de envolver estas almas doentes e ainda ignorantes de sua essência divina. Finalmente, vamos superar esta escuridão que ainda envolve a humanidade. Há de chegar o dia em que todos possam compreender e acreditar na urgência das mudanças desta Grande Transformação.

Enfrentando a dor, superando limites

Por todos os cantos deste mundo, a dor se manifesta. Vivendo neste planeta, não podemos fugir dela e não devemos ignorar o aprendizado que ela encerra. Se não for bem aproveitado agora, voltaremos um dia a esta mesma condição (terráquea) para enfrentar novamente aquilo que resolvemos negligenciar. Nestes dias em que vivenciamos o medo, tristeza, angústias e ansiedades em vários níveis, com esta doença que tomou conta da Terra e de nossa vida pessoal, o "encontro consigo mesmo" pode acontecer. Cada um de nós encontrará a melhor maneira de evoluir espiritualmente nesta fase e controlar (ou resolver) os desequilíbrios emocionais que possam surgir.

A experiência com a dor, nesta vida, ou em outras, é sempre fundamental e precisa ser bem aproveitada. É algo essencialmente solitário, embora desejássemos sempre "repartir com alguém", esquecendo às vezes que este "alguém" provavelmente estará ocupado, resolvendo sua própria dor. Quase sempre nos sentimos perdidos e abandonados diante da aparente "falta de interesse e atenção" daquela pessoa com a qual resolvemos "desabafar". Procure não se preocupar com a solidão de sua dor e procure extrair dela luz e aprendizado. Uma "solidão iluminada" pode acontecer para você, como nos preparam para isso os estudos e o aprendizado na Ordem Rosacruz.

9. O aprendizado precisa acontecer, ou melhor, seguir acontecendo...

Aos poucos, vamos aprendendo a viver e aprendendo a sofrer. À medida que envelhecemos, é possível concluir que estamos aqui para uma jornada individual em busca do aperfeiçoamento interior e da evolução espiritual. A felicidade faz parte destes nossos caminhos, mas quase sempre é efêmera, não podemos nos apegar a ela, acreditando que será para sempre.

Aprender a viver o momento é fundamental. Por mais breve e simples que possa parecer, pode trazer um enriquecimento interior, uma alegria especial. Enquanto lê este livro, você está vivendo um momento único de entendimento e aprendizado. Enquanto escrevo para vocês, vivo um momento também único de comunicação e inspiração. Estes momentos, bem aproveitados, trazem uma conquista importante, enriquecem o mundo interior, acalmam a ansiedade, mágoas ou tristezas com o passado e preocupações com o futuro.

Viver o momento presente é o nosso maior aprendizado. Aprender a controlar a ansiedade, as ilusões e fantasias, os movimentos sem cessar da mente que a todo instante querem transformar situações, mudá-las completamente apenas e simplesmente "pensando sobre elas". Por isso a prática da meditação é fundamental. Com ela vamos aprendendo a mergulhar profundamente dentro de nós, e por alguns instantes viver a curativa sensação de paz profunda, gratidão e amor-próprio. Vamos aprendendo a amar o silêncio interior.

A sensação de "solidão" pode surgir diante dos problemas que somente você precisa enfrentar. Enfrente com coragem e equilíbrio emocional, acreditando sempre que tudo vai passar. Não dê um prazo para isso. Faça da melhor maneira possível, passo a passo, para que tudo possa terminar bem.

Autoconhecimento e autoestima

Autoconhecimento e autoestima caminham juntos. Quando os conquistarmos, o sofrimento, a dor, as preocupações e os medos serão enfrentados de uma nova maneira, com mais serenidade, confiança no futuro, coragem e ao mesmo tempo humildade para investir em novos caminhos, confiando mais no potencial intelectual e espiritual que possuímos. No momento desta conquista, tudo parece se tornar mais claro, mais compreensível.

Tudo se tornará mais leve, sem tanta insegurança, tantos conflitos e aflições. Compreenda que este é um caminho coerente e lógico com a nossa busca maior. Abismos e encruzilhadas podem surgir durante a caminhada, muitas vezes ficamos inclinados a desistir, como se fosse possível desistir de nós mesmos.

A paz interior nos ajudará a entender e vencer todas as batalhas. Mais do que ninguém, com aplausos ou não daqueles que nos rodeiam, certamente saberemos, na paisagem única e secreta da alma, o quanto foi difícil.

Sobre a minha experiência tão longa com uma doença crônica, degenerativa

Outono de 2022. Sim, eu sei, como em todos os meus livros, o final precisa ser feliz, em seu sentido mais amplo, filosófico, comportamental e espiritual. Talvez seja mais difícil encerrar este livro desta maneira, mas vou tentar. Talvez neste exato momento eu não consiga, mas quem sabe daqui a alguns dias ou meses.

Aos 75 anos de idade, com muita energia mental/emocional/espiritual, jamais imaginaria ou me preocuparia com os prejuízos, os limites e os dramas cotidianos que enfrentaria com uma artrose "degenerativa", conforme ouvi do médico, com esta definição que me soou desesperadora.

Tentei disfarçar, de todas as formas possíveis, como quase sempre, e assim tentaria, todos os dias, disfarçar o desânimo, a desesperança, o mau humor que as dores físicas "o tempo todo, sem descanso", trazem para nossas vidas, nossos sonhos e projetos ainda tão fortes, nestes dias em que ainda estou por aqui, na Terra.

Hoje mesmo, enquanto estou aqui digitando, as dores estão acontecendo, nos quadris, na coluna lombar. É mais suportável, mas piora muito no início da noite, quando o efeito do remédio vai terminando. Surgiu também, ou melhor, foi se tornando dia a dia mais forte, na coxa e no joelho esquerdo, o que me preocupa e me desespera, assim como com tudo isso que estou vivendo.

É fácil escrever com estas dores físicas acontecendo? Não, não é mesmo, mas pode me ajudar, ou talvez possa lhe ajudar, se você, de uma forma ou de outra, já passou, ou está passando, por isso. Do que me conscientizei, neste momento em que escrevo, sentindo todas estas dores, é que não dá para continuar sem fazer nada, esperando, com muita angústia, que "tudo volte ao normal".

É difícil para mim, simplesmente impossível, aceitar isso, embora não exista no meu mundo interior nenhum sentimento de revolta, de sentir como uma "injustiça" tudo o que está me acontecendo. Eu preciso aceitar, preciso me conformar, aprender a viver como uma prisioneira destas dores intensas e incessantes, embora, às vezes, tenha conseguido amenizar de diferentes formas – algumas delas misturadas com uma enorme decepção, porque as dores continuaram e voltaram ainda mais intensas, com quase nenhuma melhora.

O aprendizado não cessa, grandes e fundamentais mudanças já aconteceram no meu interior, talvez a verdadeira humildade! Nesta fase tão longa que estou vivendo, realizar uma simples viagem para São Paulo, que sempre fiz sem nenhuma outra preocupação a não ser fazer o possível para não gastar tanto, se tornou uma verdadeira epopeia.

"Será que vai dar tudo certo? Como vou chegar lá, depois de quase duas horas sentada num ônibus? Como estará o trânsito? Será que vou conseguir dormir com apenas dois remédios evitando ao máximo tomar o terceiro que tem efeitos colaterais ainda mais acentuados? Será que vou conseguir tomar um Uber para chegar no horário certo na "Casa do Dr. Goldemberg", para trabalhar como médium na assistência a todos a quem eu possa atender? Será que consigo acordar, na hora certa, sob os efeitos destes remédios?" É mais ou menos assim que acontece, embora eu conte sempre com a amizade, a compreensão e o auxílio da Regina Valente, minha sobrinha e querida amiga, jornalista e escritora, uma virginiana incansável, sempre disposta a ajudar!

Tem sido difícil continuar a escrever e finalizar este livro, as dores não cessam. Elas pioram muito à noite, o que me causa uma enorme angústia, uma saudade monstruosa do tempo em que eu ia dormir como uma pessoa normal, aguardando apenas a chegada do sono, profundo e reparador. Agora preciso esperar que o remédio faça efeito, para que as dores se acalmem e eu consiga dormir.

Desequilíbrios emocionais aconteceram. Toda a minha onipotência, já muito abalada por outros motivos, foi por terra, completamente. Gastei uma pequena fortuna com remédios, alopáticos, principalmente, que eu deixei de usar na medida do possível, porque os efeitos colaterais eram insuportáveis. Médicos alopatas, homeopatas, antroposóficos e outros também entraram nesta lista, alguns mais interessados e preparados, tentando me ajudar para amenizar estas dores. Vivo uma enorme angústia por saber que não tem cura, nem a artrose, nem seu processo degenerativo.

Passei a sentir, muito profundamente – não sei se todos compreenderão isto –, uma solidão maior com estas dores, com meu desespero, minhas culpas e outras angústias. Rezei muito nestes dias todos, e continuo rezando. Médicos espirituais sempre me ajudaram, às vezes de uma maneira fantástica! Pequenos milagres acontecem no meu cotidiano, no meio de velas acesas, incensos, água fluidificada, energias de cura.

Eu me sinto muito à vontade para escrever sobre a equipe do Dr. Goldemberg, sem que isso possa parecer fanatismo. O auxílio destes seres de luz, destes médicos e mentores espirituais, que me auxiliam quando vou à casa do Dr. Goldemberg, tem sido fundamental para que eu não fique pior, talvez com um nível de angústia e desequilíbrio emocional muito mais sério! Procure maiores informações a respeito deste trabalho, deste auxílio espiritual, tanto teórico quanto prático. (Veja no Facebook: Casa Dr. Goldemberg.)

Enfrentando e desenvolvendo o Grande Aprendizado

Aos poucos o aprendizado fundamental vai acontecendo. Quero concluir este livro escrevendo sobre ele. Talvez possa ajudar mais do que relatar tanto a minha dor e meu desespero. Pequenos detalhes que antes passavam despercebidos agora se tornam importantes e se transformam numa grande vitória, como conseguir dormir sem dor com apenas dois remédios, e não três.

Algumas pessoas se tornaram importantes neste momento da minha história, nesta vida atual. Sobre a família, não quero destacar nada especial, acredito que não sejam estes os recados, conclusões, os detalhamentos mais necessários. Tenho encontrado algum apoio, sem muito interesse ou compaixão, ou talvez sem demonstrar. Sergio, meu marido, no entanto, tem me dado um grande apoio, com sensibilidade, empatia, compreensão e muito companheirismo. A empatia é muito importante, e precisa acontecer, quando queremos dividir com alguém o que estamos sentindo.

Aprendi a rezar muito mais, a implorar, de joelhos, se necessário, pedindo verdadeiros milagres e encontrando sempre uma resposta benéfica, trazendo um grande alívio para tudo o que eu estava sentindo. Descobri bem mais do que sempre ensinei para milhares de pessoas, através dos meus livros e programas de rádio, sobre o verdadeiro poder da oração.

Quando as dores estão mais intensas, preciso rezar deitada, porque a artrose é na coluna lombar, com algumas dolorosas ramificações. Às vezes, fica muito difícil rezar sentada, ou tampouco em pé. Às vezes choro enquanto rezo!

Preciso continuar a ter esperanças. Estou sempre procurando outras terapias, "procedimentos cirúrgicos", que possam trazer o alívio tão desejado, e sempre fazendo fisioterapia, hidroterapia, acupuntura, massagens e outras terapias para o corpo físico, tentando amenizar as dores e estacionar o processo desta doença. Até então, mais de dois anos já se passaram e nada tem trazido este grande alívio.

Por que isso me aconteceu? Tenho algumas respostas, e com elas quero terminar este livro. Uma espécie de pergunta, forte e até mesmo cruel, surge para mim nos momentos de meditação (muito difícil meditar com sucesso, enquanto sente dor física): "O que você atrofiou na sua vida? O desenvolvimento intelectual, profissional ou espiritual? Ou todos? E como tem se sentindo durante todo este tempo, sem desenvolver seu trabalho maior aqui na Terra?"

"Eu sou o mais puro e radiante desígnio do meu ser. Eu sou e estou desenvolvendo agora a plenitude da minha missão." (Arcanjo Gabriel, canalização de Elizabeth C. Prophet)

10. Procurando respostas que tragam um pouco de luz, paz e esperança na alma e no coração

Muitas questões, culpas, fragilidades emocionais e erros de outras vidas se repetem. Algumas respostas podem vir logo. São alguns anos de terapia individual, de casal e familiar que me trazem uma certa facilidade em encontrá-las para qualquer questionamento pessoal, minhas emoções, vitórias e frustrações. As respostas que tive dizem respeito ao meu caso particular, é claro que outras causas existem, físicas, emocionais... para que a artrose se desenvolva em alguma fase da vida.

O que me parece o mais importante nisto tudo foi o que aconteceu comigo; um quase abandono durante alguns anos dos trabalhos mediúnicos de assistência, orientação e cura para aqueles que nos procuram, especialmente na Casa do Dr. Goldemberg, ou seja, todo o meu comprovado potencial mediúnico abandonado ou sistematicamente deixado em segundo plano.

Felizmente, para minha alegria e gratidão, quando me propus a voltar aos trabalhos, minha querida e tão antiga amiga, algo de vidas passadas, a muito amada D. Cida (presidente da Casa, médium de cura fantástica, canal do Dr. Goldemberg), me aceitou, sem nenhum tipo de restrição: "Traz sua roupa branca e vem trabalhar, e assim tudo vai melhorar, inclusive as dores da artrose". Foi isso que ouvi dela quando lhe contei sobre todo o sofrimento que eu estava vivendo.

Atualmente morando em uma outra cidade, conto os dias e as horas para estar de volta ao trabalho mediúnico e aos tratamentos que recebo dos médicos espirituais na Casa do Dr. Goldemberg. Meus sentimentos são muitos, acima de tudo, a fé ainda mais inabalável no amor e na misericórdia divina e uma enorme gratidão, por mais uma vez estar lá com todas aquelas pessoas de uma grande família da Terra e com os médicos espirituais.

Em meio ao desespero, me vi num túnel muito escuro e encontrei uma grande luz brilhando para mim, me mostrando que ainda há um longo caminho a percorrer. Será que estas dores, que nunca cessam e estão sempre progredindo para outras partes do meu corpo, vão algum dia melhorar? Acredito que sim, visto todo o meu contato com o Divino, de diferentes formas, desde fazendo minhas orações em casa até fazendo meu trabalho na Casa do Dr. Goldemberg e recebendo meu tratamento espiritual.

Mais do que nunca, tenho plena consciência do meu **projeto de alma**, com suas responsabilidades, promessas e metas a cumprir, muito ligadas ao conhecimento e desenvolvimento espiritual, mediúnico, de uma maneira prática também. Sei o quanto esta conscientização foi abandonada durante muitos anos e teve suas consequências na saúde física e emocional, afetando a cura da alma e do coração.

Não, não estou ficando fanática, mas tentando mostrar a importância de responder ao chamado para o trabalho espiritual, ajudar, socorrer, servir

"Servir, trabalhar para ajudar os que sofrem", é a maior tarefa dos médiuns, especialmente os médiuns de cura. Podem ser escritores, radialistas, conferencistas ou poderosos políticos; se têm este potencial para ser desenvolvido na vida atual, precisam aceitar e dedicar alguma parte considerável de suas vidas na Terra para este serviço, esta missão. Será que eles têm consciência plena disso? Eu mesma tinha este conhecimento e ainda assim, de alguma forma, me desviei do caminho. Não quero mais explicar isto. Mas conheço médicos psiquiatras, psicólogos e terapeutas holísticos que também sabem disso, com algumas comprovações científicas.

Eu realmente acredito que ainda vou ficar um bom tempo por aqui, para, como escreveu Proust, "reencontrar o tempo perdido". E, de todas as formas possíveis, curar desequilíbrios, feridas e dificuldades emocionais, fortalecendo mais minhas boas qualidades, a bondade, a compaixão, o amor verdadeiro por todos, especialmente por aqueles que sofrem.

"Qualquer que seja a doença, qualquer que seja a infelicidade, nada mais são que miragens que encobrem a Imagem Verdadeira da Vida." (Sutra Sagrado, palavras do Anjo-Seicho-No-Ie)

Neste exato momento, **Primavera de 2023**, o calor está insuportável, em plena primavera, que deveria manifestar seu frescor, seu aroma, suas flores. Assim deveria ser, mas nem sei se as flores resistirão a todo este calor, consequência dos desequilíbrios ecológicos que estamos vivendo. Em algumas noites, uma chuvinha fina cai, trazendo finalmente de volta o aroma inconfundível da primavera. Às vezes consigo sentir outros destes aromas típicos desta estação. Mas estou tão preocupada e tensa com meus próprios problemas que muitas vezes nada sinto, sequer percebo as flores que crescem e aumentam dia a dia, ao meu redor.

Estamos vivendo dias tão difíceis, tragédias no mundo inteiro, e, segundo falou em uma de suas palestras a D. Cida (Maria Aparecida B. Pandim), "até o ano de 2026, teremos dias terríveis, com tragédias acontecendo em todo o planeta e mais do que nunca precisamos rezar muito, cuidar da espiritualidade, buscar agora, de todas as formas, a mais autêntica transformação pessoal".

Sobre esta "autêntica transformação pessoal", eu poderia escrever mais, tal é a importância deste recado para todos nós. Cada um de nós, mais cedo ou mais tarde, descobre seu verdadeiro caminho, o sentido maior de sua vida na Terra. Neste livro, escrevi muito sobre este tema. Não há por que insistir nisto, escrevendo ainda mais.

Envelhecer é, de fato, um desafio. Esta sabedoria e alegria interiores que muitos dizem ter na chamada terceira idade são algo bem difícil de se sentir para muitas pessoas. Pessoas mais vaidosas, homens ou mulheres, sofrem mais com as mudanças físicas que acontecem, sem cessar.

Quando acordo e me olho no espelho, ainda estranho muito o rosto que vejo. Deve haver algum engano, esta não sou eu – até penso isso, tentando não levar a decepção tão a sério. Quando estou caminhando naquele momento do dia tão bonito do crepúsculo e as dores começam a voltar, quase sempre bem fortes, sou obrigada a reconhecer que muitas coisas mudaram, se transformaram. Manter o equilíbrio emocional tem sido difícil, e mais ainda a paz e a alegria de viver.

Quase todos os dias tenho conseguido. Quando isso não acontece, a melhor solução, para mim, é rezar, escrever uma carta para os anjos, para os meus mentores pessoais e até mesmo para o Dr. Goldemberg. Um deles com certeza deve receber esta carta e me ajudar a recuperar a contagiante alegria de viver que sempre tive, como me diziam amigos e familiares.

Lembro-me da Maria Cristina, uma grande amiga, jornalista, muito inteligente, com uma brilhante carreira no jornalismo. Ela era um pouco materialista, embora com um enorme coração, sempre muito interessada em encontrar um verdadeiro amor. Não sei se ela conseguiu. Eu lembro que conversávamos muito sobre isso. A cura do coração para nós era um "projeto" muito mais importante que outros. Na verdade, este projeto tinha outro sentido, significava, acima de tudo, encontrar o parceiro, o namorado ideal.

Nós éramos muito jovens, lembro-me bem disso agora. Na verdade, nenhuma de nós duas estava feliz com estas preocupações, com todo este desejo de encontrar um verdadeiro amor. Por isso mesmo nossas conversas e interesses também variavam muito, sobre o Brasil, os políticos, os amigos e situações mais profissionais. Ela tinha uma alma muito linda, sempre preocupada em ajudar outras pessoas.

Na sua vida tudo parecia ir maravilhosamente bem, até que uma grave doença aconteceu. Ela foi embora cedo, antes dos 60 anos. Eu estava viajando na época e soube apenas nas proximidades da missa de sétimo dia. Alguns dias antes disso, a notícia chegou para mim, causando uma dor imensa, desesperadora. Algumas noites depois, sonhei com ela. Foi tudo muito rápido. Ela passava rapidamente pelo céu, numa espécie de foguete, um avião diferente, uma nave, talvez. Então ela colocou a cabeça pela janela e, quase gritando, me disse:

– O Amor é tudo!

Com esta frase tão curta e verdadeira, eu poderia encontrar a melhor maneira de terminar este livro. Ela é verdadeira, porém tão difícil de ser compreendida e vivenciada de uma maneira prática, mas também no seu significado maior para TODA A humanidade.

Então, acredito, sinceramente, que na dimensão espiritual, um dia, este reencontro vai acontecer: com a Maria Cristina e com você que está me lendo agora. Em algum lugar deste universo infinito, nos encontraremos, eu o reconhecerei, onde quer que você possa estar, talvez como um dos milhares de leitores dos meus livros, ou ouvintes dos meus programas de rádio. Lembre-se sempre destas palavras: "O Amor é tudo!"

7 de outubro de 2023, um calor escaldante no Brasil, e uma guerra cruel mais uma vez acontece

O grupo terrorista Hamas invade Israel e mata milhares de pessoas. Israel revida nos dias seguintes e durante muitos meses depois. A Palestina sofre demais com tudo isso e sofrem muito seus milhões de habitantes, velhos, crianças, mulheres. São milhares de mortos. Fica muito difícil julgar ou condenar um ou outro nesta guerra, enquanto assisto ao sofrimento do povo palestino! Sofrem muito também os israelenses, principalmente aqueles que tiveram seus familiares sequestrados pelo Hamas: homens, mulheres, crianças (até bebês) e idosos.

Guerras que se desenvolvem há alguns anos acontecem em todo o planeta. Povos de muitas regiões, algumas totalmente desconhecidas para mim (sequer sei onde ficam no mapa do mundo), passam fome, vivem na mais absoluta miséria e em completo abandono. Doenças não cessam de aparecer, com a ciência trabalhando intensamente para descobrir as curas ou remédios que possam controlá-las. Vacinas e mais vacinas são produzidas por laboratórios da Terra; algumas são aceitas, outras nem tanto. Parte da população mundial não acredita nelas. "Tragédias climáticas" em todas as partes do mundo, no Brasil inclusive, para nossa tristeza e desespero. E também para desenvolvermos a mais autêntica e tão necessária compaixão.

Tudo isso me deixa angustiada! O que esperar deste nosso mundo em pleno século 21, que deveria estar caminhando para uma nova era de amor, cura espiritual, moral, mental, emocional e finalmente a Paz?

Hoje, tentando relaxar um pouco, fui tomar um café com meus netos. Certamente conversando com eles, jovens e felizes, eu encontraria um pouco de paz, confiança e esperança para minhas angústias pessoais e para o futuro da humanidade. Um pouco depois de tomar este café (com um delicioso bolo) com a Laura e o Miguel (faltou o Lucas e a Gabriela), acabei encontrando um ótimo texto, acredito, para o nosso livro.

Eu o li há alguns anos, em setembro de 2019, na seção de Astrologia do jornal *O Estado de S. Paulo*, no qual escreve o astrólogo e filósofo Oscar Quiroga, muito inteligente, espiritualizado, iluminado. Eu deixo aqui o texto deste profissional. Acredito que possa fazer um enorme bem para todos nós, seja qual for a religião, a ideologia ou o partido político, seja qual for a nossa indignação e desespero com este mundo a que assistimos, tantas e tantas vezes, desmoronar aos nossos olhos.

"Retorna os teus sentidos, coloca a cabeça no lugar e o coração a funcionar, essa sensação de impotência que te acomete não há de ser maior do que os teus sonhos. Respira fundo, nunca tua alma é desprovida de poder, só acontece que quando bate o desespero, tu te esqueces de todos os instrumentos que estão disponíveis para abrir passagem. Tu pensas, tu sentes, tu possuis órgãos objetivos e subjetivos para navegar pela vida afora, esses são os seus poderes, além disso seu coração arde de vontade de realizar os sonhos que te entusiasmam. Essa é uma decisão que só tu podes tomar."

Quais são, afinal, os sonhos que ainda tanto nos entusiasmam? Você consegue se lembrar deles aqui? Pelo menos os mais importantes, talvez venham de sua infância, de sua adolescência. Talvez sejam tão atuais como os meus, nesta fase que vivo, perto dos 80 anos. Ainda há muito o que fazer...

Por mim mesma, por toda a melhora possível destas dores físicas, para me livrar destes remédios com seus efeitos colaterais físicos e mentais tão prejudiciais, que dificultam demais o meu trabalho, de viver bem os dias e as noites em que ainda estou por aqui.

E será que nesta vida ainda consigo "curar o meu coração"? Sei agora, muito melhor do que antes, sobre as causas mentais, emocionais e principalmente espirituais destas dores que tanto me atormentam. Ainda terei tempo aqui na Terra para mudar tudo isto, revisar minha vida, trabalhar espiritualmente por mim mesma e por todos?

O meu "projeto da alma" vai se concretizar. Muitas vidas foram necessárias para que eu chegasse aonde estou neste momento. Sei que vou realizar este projeto, e nele poderei envolver muitas outras pessoas, além de leitores, ouvintes e principalmente familiares. São eles, exatamente eles, que mais devem se beneficiar do nosso projeto de alma, finalmente realizado.

Sinceramente, nem sei por onde começar, ou como continuar, sem nunca desistir. Há um longo caminho ainda para ser percorrido, aqui, neste planeta, enquanto ainda estou por aqui.

Sei que vou conseguir. Os caminhos estão aí...

No Brasil, nas proximidades da cidade de Betânia, sertão árido do Piauí, Maria das Graças Souza Silva conta ao repórter do jornal *O Estado de S. Paulo* (27/12/2023): "Aqui passamos muita fome e sede. Um dos meus filhos, de 4 anos, pede comida, eu falo que não tem, então ele chora muito. Eu faço um chá e dou pra ele".

"Sinto muito, me perdoe, te amo, sou grato." (Ho'oponopono)